中华人民共和国行业标准

公路工程结构可靠性设计统一标准

Unified Standard for Reliability Design of Highway Engineering Structures

JTG 2120—2020

主编单位：中交公路规划设计院有限公司
批准部门：中华人民共和国交通运输部
实施日期：2020 年 08 月 01 日

人民交通出版社股份有限公司
北　京

律师声明

本书所有文字、数据、图像、版式设计、插图等均受中华人民共和国宪法和著作权法保护。未经人民交通出版社股份有限公司同意,任何单位、组织、个人不得以任何方式对本作品进行全部或局部的复制、转载、出版或变相出版。

任何侵犯本书权益的行为,人民交通出版社股份有限公司将依法追究其法律责任。

有奖举报电话:(010)85285150

北京市星河律师事务所
2017年10月31日

图书在版编目(CIP)数据

公路工程结构可靠性设计统一标准:JTG 2120—2020／中交公路规划设计院有限公司主编. —北京:人民交通出版社股份有限公司,2020.5

ISBN 978-7-114-16532-0

Ⅰ.①公… Ⅱ.①中… Ⅲ.①道路工程—工程结构—结构可靠性—技术标准—中国 Ⅳ.①U415.12-65

中国版本图书馆CIP数据核字(2020)第072839号

标准类型:中华人民共和国行业标准
标准名称:公路工程结构可靠性设计统一标准
标准编号:JTG 2120—2020
主编单位:中交公路规划设计院有限公司
责任编辑:丁　遥　王海南
责任校对:赵媛媛
责任印制:刘高彤
出版发行:人民交通出版社股份有限公司
地　　址:(100011)北京市朝阳区安定门外外馆斜街3号
网　　址:http://www.ccpress.com.cn
销售电话:(010)59757973
总 经 销:人民交通出版社股份有限公司发行部
经　　销:各地新华书店
印　　刷:北京市密东印刷有限公司
开　　本:880×1230　1/16
印　　张:5
字　　数:120千
版　　次:2020年5月　第1版
印　　次:2020年5月　第1次印刷
书　　号:ISBN 978-7-114-16532-0
定　　价:50.00元

(有印刷、装订质量问题的图书,由本公司负责调换)

中华人民共和国交通运输部
公 告

第 28 号

交通运输部关于发布《公路工程结构可靠性设计统一标准》的公告

现发布《公路工程结构可靠性设计统一标准》(JTG 2120—2020),作为公路工程行业标准,自 2020 年 8 月 1 日起施行。

《公路工程结构可靠性设计统一标准》(JTG 2120—2020)的管理权和解释权归交通运输部,日常管理和解释工作由主编单位中交公路规划设计院有限公司负责。

请各有关单位注意在实践中总结经验,及时将发现的问题和修改建议函告中交公路规划设计院有限公司(地址:北京市德胜门外大街 85 号德胜国际中心 A 座,邮政编码:100088),以便修订时研用。

特此公告。

中华人民共和国交通运输部
2020 年 5 月 6 日

交通运输部办公厅　　　　　　　　　　　　　　　2020 年 5 月 7 日印发

前 言

根据交通运输部办公厅《关于下达 2010 年度公路工程标准制修订项目计划的通知》（厅公路字〔2010〕132 号）的要求，由中交公路规划设计院有限公司承担《公路工程结构可靠性设计统一标准》（JTG 2120—2020）（以下简称"本标准"）的编制工作。

编制过程中，编写组积极借鉴了《工程结构可靠性设计统一标准》（GB 50153—2008）的有关规定，从公路行业出发，充分吸纳了《公路工程结构可靠度设计统一标准》（GB/T 50283—1999）的有关内容，总结吸取了近年来大规模公路工程实践的经验，参考、借鉴了国内外相关标准规范。在标准条文初稿编写完成以后，通过多种方式征求了路面、桥涵、隧道等专业有关单位和个人的意见，并经过反复讨论、修改后定稿。

本标准包括 8 章和 3 个附录。正文包括：总则、术语和符号、基本规定、极限状态设计原则、结构上的作用和环境影响、材料和岩土的性能及结构的几何参量、结构分析与试验辅助设计、分项系数设计方法；附录包括：作用代表值的确定方法、试验辅助设计、分项系数确定方法。

请各有关单位在执行过程中，将发现的问题和意见，函告本标准日常管理组，联系人：李会驰（地址：北京市德外大街 83 号德胜国际中心 A 座，中交公路规划设计院有限公司；邮政编码：100088，传真：010-82017041，电子邮箱：sssohpdi@163.com），以便修订时研用。

主 编 单 位：中交公路规划设计院有限公司
参 编 单 位：大连理工大学
　　　　　　　　交通运输部公路科学研究院
　　　　　　　　同济大学
　　　　　　　　长安大学
　　　　　　　　湖南大学
　　　　　　　　中交第二公路勘察设计研究院有限公司
　　　　　　　　招商局重庆交通科研设计院有限公司
　　　　　　　　东南大学

主　　　　编：赵君黎
主要参编人员：李文杰　冯　苡　贡金鑫　谈至明　郭小红　陈昌富
　　　　　　　　赵尚传　邬　都　吴　迅　赵　薇　龚维明

审 查 人 员：周海涛　刘家镇　程英华　刘士林　杨耀铨　罗　玲
　　　　　　　王华牢　任胜健　张玉玲　史志华　田克平　王秉纲
　　　　　　　贺栓海　陈艾荣　张劲泉　鲍卫刚　王福敏　庄卫林
　　　　　　　沈永林　秦　权　包琦玮　牛开民　韩常岭　郑　罡
　　　　　　　陈国靖　李国平　李　杰　王选仓　胡大琳　刘伯莹
　　　　　　　胡家顺　黎立新　张振学　钟明全　席广恒　李怀峰
　　　　　　　史方华　梁立农

参 加 人 员：王春生　惠　卓　李会驰

目 次

1 总则 ·· 1
2 术语和符号 ·· 2
  2.1 术语 ··· 2
  2.2 符号 ··· 7
3 基本规定 ··· 9
  3.1 基本要求 ··· 9
  3.2 安全等级 ··· 9
  3.3 目标可靠指标 ·· 11
  3.4 设计使用年限 ·· 11
  3.5 可靠性管理 ··· 13
4 极限状态设计原则 ·· 14
  4.1 极限状态 ·· 14
  4.2 设计状况 ·· 14
  4.3 极限状态设计 ·· 15
5 结构上的作用和环境影响 ··· 17
  5.1 一般规定 ·· 17
  5.2 桥涵结构的作用 ··· 17
  5.3 隧道结构的作用 ··· 18
  5.4 路面结构的作用 ··· 19
  5.5 环境作用 ·· 19
6 材料和岩土的性能及结构的几何参量 ··· 20
  6.1 材料和岩土的性能 ·· 20
  6.2 结构的几何参量 ··· 21
7 结构分析与试验辅助设计 ··· 22
  7.1 一般规定 ·· 22
  7.2 结构分析模型 ·· 22
  7.3 作用分析模型 ·· 23
  7.4 分析方法 ·· 23
  7.5 试验辅助设计 ·· 23
8 分项系数设计方法 ·· 24
  8.1 一般规定 ·· 24

8.2 承载能力极限状态	25
8.3 正常使用极限状态	27
附录 A 作用代表值的确定方法	28
附录 B 试验辅助设计	33
附录 C 分项系数确定方法	34
本标准用词用语说明	39
附件 《公路工程结构可靠性设计统一标准》(JTG 2120—2020)条文说明	41
1 总则	43
2 术语和符号	44
3 基本规定	45
4 极限状态设计原则	48
5 结构上的作用和环境影响	51
6 材料和岩土的性能及结构的几何参量	56
7 结构分析与试验辅助设计	58
8 分项系数设计方法	61
附录 A 作用代表值的确定方法	64
附录 C 分项系数确定方法	66

1 总则

1.0.1 为统一公路工程结构设计的基本原则、基本要求和基本方法，使公路工程结构符合可持续发展、安全可靠、适用耐久、经济合理、技术先进的要求，制定本标准。

1.0.2 本标准适用于公路桥涵结构及构件、公路隧道结构及构件、公路路面结构、地基基础的设计。

1.0.3 公路工程结构、构件设计宜采用以概率理论为基础、以分项系数表达的极限状态设计方法；不具备条件时，可根据可靠的工程经验或必要的试验研究进行，也可采用容许应力或安全系数等方法。

1.0.4 各类公路工程结构设计规范应遵守本标准规定的基本准则，并应制定相应的具体规定。

1.0.5 公路工程结构设计除应符合本标准的规定外，尚应符合国家现行有关标准的规定。

2 术语和符号

2.1 术语

2.1.1 可靠性 reliability

结构在规定的时间内，在规定的条件下，完成预定功能的能力，包括结构的安全性、适用性和耐久性等。

2.1.2 安全性 safety

结构在正常施工和正常使用条件下，承受可能出现的各种作用的能力，以及在偶然作用发生时和发生后，仍保持必要的整体稳定性的能力。

2.1.3 适用性 serviceability

结构在正常使用条件下，保持良好使用性能的能力。

2.1.4 耐久性 durability

在设计确定的环境作用和养护、使用条件下，结构及其构件在设计使用年限内保持其安全性和适用性的能力。

2.1.5 可靠度 degree of reliability(reliability)

结构在规定的时间内，在规定的条件下，完成预定功能的概率。

2.1.6 失效概率 probability of failure

结构不能完成预定功能的概率。

2.1.7 可靠指标 reliability index

度量结构可靠度的数值指标，可靠指标 β 与失效概率 p_f 的关系为 $\beta = -\Phi^{-1}(p_f)$，其中 $\Phi^{-1}(\cdot)$ 为标准正态分布函数的反函数。标准规定的作为结构设计依据的可靠指标称为目标可靠指标。

2.1.8 基本变量 basic variables

代表物理量的一组规定的变量，用于表示作用和环境影响、材料和岩土性能以及几何参量的特征。

2.1.9 设计基准期　design reference period

为确定可变作用等的取值而选用的时间参数。

2.1.10 设计使用年限　design working/service life

在正常设计、正常施工、正常使用和正常养护条件下，路面、桥涵、隧道结构或构件不需进行大修或更换，即可按其预定目的使用的年限。

2.1.11 重现期　return period

大于或等于某一规定值的作用可能出现一次的平均间隔时间。

2.1.12 安全等级　safety classes

为使结构具有合理的安全性，根据工程结构破坏所产生后果的严重程度而划分的设计等级。

2.1.13 设计状况　design situations

代表一定时段内实际情况的一组设计条件，设计时应做到在该组条件下结构不超越有关的极限状态。

2.1.14 持久设计状况　persistent design situation

在结构使用过程中一定出现，且持续时间很长的设计状况，其持续期一般与设计使用年限为同一数量级。

2.1.15 短暂设计状况　transient design situation

在结构施工和使用过程中出现概率较大，而与设计使用年限相比，其持续期很短的状况。

2.1.16 偶然设计状况　accidental design situation

在结构使用过程中出现概率很小，且持续期很短的设计状况。

2.1.17 地震设计状况　seismic design situation

结构遭受地震时的设计状况。

2.1.18 极限状态　limit states

整个结构或结构的一部分超过某一特定状态就不能满足设计规定的某一功能要求，此特定状态为该功能的极限状态。

2.1.19 极限状态方程　limit state equation
在结构或构件处于极限状态时，各有关基本变量的关系式。

2.1.20 承载能力极限状态　ultimate limit states
对应于结构或构件达到最大承载力或不适于继续承载的变形的状态。

2.1.21 正常使用极限状态　serviceability limit states
对应于结构或构件达到正常使用或耐久性能的某项规定限值的状态。

2.1.22 结构功能函数　function of structural performance
关于基本变量的函数，该函数表征一种结构功能。

2.1.23 校准法　calibration method
通过对现存结构或以往设计规范隐含可靠度水平的反演分析，以确定结构设计时采用的目标可靠指标的方法。

2.1.24 随机过程　stochastic process
随连续时间参数变化的随机变量，可用随机过程概率模型来描述。

2.1.25 概率分布　probability distribution
随机变量取值的统计规律，一般用概率密度函数或概率分布函数表示。

2.1.26 统计参数　statistical parameter
在概率分布中用来表示随机变量取值的平均水平和离散程度的数字特征。

2.1.27 分位值　fractile
与随机变量概率分布函数的某一概率相对应的值。

2.1.28 名义值　nominal value
用非统计方法确定的值。

2.1.29 作用　action
施加在结构上的集中力或分布力(直接作用，也称为荷载)和引起结构外加变形或约束变形的原因(间接作用)。

2.1.30 作用效应　effect of action
由作用引起的结构或构件的反应。

2.1.31 作用的代表值　representative value of an action

极限状态设计所采用的作用值，可取作用的标准值或可变作用的伴随值。

2.1.32 作用的标准值　characteristic value of an action

作用的主要代表值，可根据对观测数据的统计、作用的自然界限或工程经验确定。

2.1.33 可变作用的组合值　combination value of a variable action

使组合后的作用效应的超越概率与该作用单独出现时其标准值作用效应的超越概率趋于一致的作用值，或组合后使结构具有规定可靠指标的作用值，可通过组合值系数对作用标准值的折减来表示。

2.1.34　可变作用的频遇值　frequent value of a variable action

在设计基准期内被超越的总时间占设计基准期的比率较小的作用值，或被超越的频率限制在规定频率内的作用值，可通过频遇值系数对作用标准值的折减来表示。

2.1.35　可变作用的准永久值　quasi-permanent value of a variable action

在设计基准期内被超越的总时间占设计基准期的比率较大的作用值，可通过准永久值系数对作用标准值的折减来表示。

2.1.36　可变作用的伴随值　accompanying value of a variable action

在作用组合中，伴随主导作用的可变作用值，可取组合值、频遇值或准永久值。

2.1.37　作用的设计值　design value of an action

作用的代表值与作用分项系数的乘积。

2.1.38　作用组合(荷载组合)　combination of actions(load combination)

在不同作用的同时影响下，为验证某一极限状态的结构可靠度而采用的一组作用设计值。

2.1.39　永久作用　permanent action

在设计基准期内始终存在且其量值变化与平均值相比可忽略不计的作用，或其变化是单调的并趋于某个限值的作用。

2.1.40　可变作用　variable action

在设计基准期内其量值随时间而变化，且变化值与平均值相比不可忽略不计的作用。

2.1.41 偶然作用 accident action
在设计基准期内不一定出现，而一旦出现其量值很大，且持续时间很短的作用。

2.1.42 地震作用 seismic action
地震对结构所产生的作用。

2.1.43 固定作用 fixed action
在结构空间上具有固定空间分布的作用。当固定作用在某一点上的大小和方向确定后，在整个结构上的该作用即得以确定。

2.1.44 自由作用 free action
在结构上给定的范围内具有任意空间分布的作用。

2.1.45 静态作用 static action
使结构产生的加速度可忽略不计的作用。

2.1.46 动态作用 dynamic action
使结构上产生的加速度不可忽略不计的作用。

2.1.47 环境作用 environmental action
环境对结构产生的各种机械的、物理的、化学的或生物的不利作用。环境作用会引起结构材料性能的劣化，降低结构的安全性或适用性，影响结构的耐久性。

2.1.48 材料性能的标准值 characteristic value of a material property
符合规定质量的材料性能概率分布的某一分位值或材料性能的名义值。

2.1.49 材料性能的设计值 design value of a material property
材料性能的标准值除以材料性能分项系数所得的值。

2.1.50 几何参量的标准值 characteristic value of a geometrical parameter
设计规定的几何参量公称值或几何参量概率分布的某一分位值。

2.1.51 几何参量的设计值 design value of a geometrical parameter
几何参量的标准值增加或减少一个几何参量的附加量所得的值。

2.1.52 抗力 resistance
结构或构件承受作用效应的能力。

2.1.53 分项系数 partial safety factor

用概率极限状态设计法设计时,为保证所设计的结构具有规定的可靠度,在设计表达式中采用的系数,分为作用分项系数和抗力分项系数两类。

2.1.54 结构重要性系数 factor for importance of structure

对不同安全等级的结构,为使其具有规定的可靠度而采用的分项系数。

2.1.55 可靠度系数 reliability coefficient

路面结构设计时,为保证所设计的结构具有规定的可靠度,而在设计表达式中采用的单一综合系数。

2.1.56 设计使用年限荷载调整系数 regulation factor of design working life

设计使用年限与结构设计基准期不等时,采用的荷载调整系数。

2.1.57 脆性破坏 brittle failure

结构或构件在破坏前无预兆的破坏。

2.1.58 延性破坏 ductile failure

结构或构件在破坏前有预兆的破坏。

2.2 符号

2.2.1 结构可靠性有关符号

p_f——结构的失效概率;
R——结构或构件的抗力;
S——作用效应;
T——结构的设计基准期;
X_i——第 i 个基本变量;
Z——结构的功能函数;
β——结构的可靠指标;
δ_R——结构或构件抗力的变异系数;
δ_S——作用效应的变异系数;
μ_R——结构或构件抗力的平均值;
μ_S——作用效应的平均值;
σ_R——结构或构件抗力的标准差;
σ_S——作用效应的标准差。

2.2.2 作用及作用效应有关符号

A_d——偶然作用设计值；
F——结构上的作用；
G——永久作用；
G_k——永久作用标准值；
P——预应力作用的有关代表值；
Q——可变作用；
Q_k——可变作用标准值；
S_{A_d}——偶然作用设计值的效应；
S_d——作用设计值的效应；
S_k——作用标准值的效应；
S_P——预应力作用有关代表值的效应。

2.2.3 材料、岩土性能和几何参数有关符号

a——结构或构件的几何参量；
a_d——结构或构件几何参量设计值；
a_k——结构或构件几何参量标准值；
f_d——材料性能设计值；
f_k——材料性能标准值；
Δ_a——结构或构件几何参量的附加值。

2.2.4 结构极限状态设计有关符号

R_d——结构或构件的抗力设计值；
$S_{d,dst}$——不平衡作用效应的设计值；
$S_{d,stb}$——平衡作用效应的设计值；
γ_G——永久作用的分项系数；
γ_L——设计使用年限荷载调整系数；
γ_M——材料性能的分项系数；
γ_P——预应力作用的分项系数；
γ_Q——可变作用的分项系数；
γ_r——路面结构的可靠度系数；
γ_0——结构重要性系数；
ψ_c——作用的组合值系数；
ψ_f——作用的频遇值系数；
ψ_q——作用的准永久值系数。

3 基本规定

3.1 基本要求

3.1.1 公路工程结构的设计应使结构在规定的设计使用年限内满足规定的各项功能要求。

3.1.2 公路工程结构在正常设计、正常施工和正常使用条件下，应符合下列功能要求：
1 能承受在施工和使用期间规定的各种作用。
2 保持良好的使用性能。
3 具有足够的耐久性能。
4 当设计考虑的偶然事件发生时，结构能保持必需的整体稳固性，不出现与起因不相称的破坏后果，防止出现结构的垮塌、倾覆等。

3.1.3 公路工程结构设计时，应符合下列要求：
1 避免、消除或减少结构可能受到的危害。
2 采用对可能受到的危害反应不敏感的结构形式。
3 采用当结构出现可接受的局部损坏时，结构的其他部分仍能保存下来的结构形式。
4 采用有破坏预兆的结构体系。
5 采用适当的材料、合理的设计和构造。
6 对结构的设计、制作、施工和使用等制定相应的管理、控制措施。

3.2 安全等级

3.2.1 公路桥涵结构的安全等级，应根据结构破坏可能产生后果的严重性按表3.2.1划分。对于持久设计状况和短暂设计状况，结构重要性系数应不小于表3.2.1中的规定；对于偶然设计状况和地震设计状况，结构重要性系数应取1.0。

3.2.2 公路隧道结构的安全等级，应根据结构破坏可能产生后果的严重性按表3.2.2划分。对于持久设计状况和短暂设计状况，结构重要性系数应不小于表3.2.2中的规定；对于偶然设计状况和地震设计状况，结构重要性系数应取1.0。

表 3.2.1 公路桥涵结构的安全等级及结构重要性系数

安全等级	破坏后果	结构重要性系数	适 用 对 象
一级	很严重	1.1	1. 各等级公路上的特大桥、大桥、中桥； 2. 高速公路，一级、二级公路，国防公路及城市附近交通繁忙公路上的小桥
二级	严重	1.0	1. 三级、四级公路上的小桥； 2. 高速公路，一级、二级公路，国防公路及城市附近交通繁忙公路上的涵洞
三级	不严重	0.9	三级、四级公路上的涵洞

表 3.2.2 公路隧道结构的安全等级及结构重要性系数

安全等级	破坏后果	结构重要性系数	适 用 对 象
一级	很严重	1.1	1. 高速公路、一级公路隧道； 2. 连拱隧道； 3. 三车道及三车道以上跨度的公路隧道； 4. 长度 $L \geq 3\,000\mathrm{m}$ 的公路隧道； 5. 地下风机房
二级	严重	1.0	1. 双车道的二级、三级公路隧道； 2. 四级公路上长度 $L > 1\,000\mathrm{m}$ 的隧道； 3. 斜井、竖井及联络风道等通风构造物
三级	不严重	0.9	1. 四级公路上长度 $L \leq 1\,000\mathrm{m}$ 的隧道； 2. 斜井、竖井及平行导坑等施工辅助通道

3.2.3 公路路面结构的安全等级，应根据结构破坏可能产生后果的严重性按表 3.2.3 划分。

表 3.2.3 公路路面结构的安全等级

安 全 等 级	破 坏 后 果	适 用 对 象
一级	很严重	高速公路、一级公路路面结构
二级	严重	二级公路路面结构
三级	不严重	三级、四级公路路面结构

3.2.4 同一技术等级同一路线公路的路面结构宜取相同的安全等级，特殊情况下部分地段的设计安全等级可调整一级。公路桥隧结构构件的安全等级宜与整体结构相同，特殊情况下可作部分调整，但调整后的级差不得超过一级。

3.3 目标可靠指标

3.3.1 公路工程结构设计应以规定的目标可靠指标为依据。

3.3.2 进行持久状况承载能力极限状态设计时，公路桥涵与隧道结构、路面结构的目标可靠指标应不小于表3.3.2-1和表3.3.2-2的规定。

表 3.3.2-1 公路桥涵与隧道结构的承载能力极限状态目标可靠指标

结构或构件破坏类型	结构安全等级		
	一级	二级	三级
延性破坏	4.7	4.2	3.7
脆性破坏	5.2	4.7	4.2

注：公路桥涵结构的整体倾覆破坏模式应具有不低于脆性破坏的可靠指标。

表 3.3.2-2 公路路面结构的承载能力极限状态目标可靠指标

结构安全等级	一级		二级	三级	
公路等级	高速	一级	二级	三级	四级
目标可靠指标	1.64	1.28	1.04	0.84	0.52

3.3.3 进行偶然状况或地震状况承载能力极限状态设计时，公路工程结构的目标可靠指标可根据研究确定，并应符合有关规范的规定。

3.3.4 进行正常使用极限状态设计时，公路工程结构的目标可靠指标可根据研究并结合工程经验确定。

3.4 设计使用年限

3.4.1 公路工程结构设计时，应规定结构的设计使用年限。

3.4.2 公路桥涵主体结构和可更换部件的设计使用年限应符合表3.4.2的规定。

表 3.4.2 公路桥涵结构的设计使用年限(年)

公路等级	主体结构			可更换部件	
	特大桥 大桥	中桥	小桥 涵洞	斜拉索 吊索 系杆等	栏杆 伸缩装置 支座等
高速公路 一级公路	100	100	50	20	15

— 11 —

续上表

公路等级	主体结构			可更换部件	
	特大桥 大桥	中桥	小桥 涵洞	斜拉索 吊索 系杆等	栏杆 伸缩装置 支座等
二级公路 三级公路	100	50	30	20	15
四级公路	100	50	30		

注：对有特殊要求的结构、构件的设计使用年限，可在表中规定基础上经技术经济论证后予以调整。

3.4.3 公路隧道结构的设计使用年限应符合表3.4.3的规定。

表3.4.3 公路隧道结构的设计使用年限(年)

名称	衬砌、洞门等主体结构				可更换、修复构件
类别	特长隧道	长隧道	中隧道	短隧道	特长、长、中、短隧道
高速公路、一级公路、二级公路	100	100	100	100	30
三级公路	100	100	100	50	
四级公路	100	50	50	50	

注：可更换、修复构件为隧道内边水沟、电缆沟槽、盖板等。

3.4.4 公路路面结构的设计使用年限应不小于表3.4.4中的规定。

表3.4.4 公路路面结构的设计使用年限(年)

类别	公路等级				
	高速公路	一级公路	二级公路	三级公路	四级公路
沥青混凝土路面	15	15	12	10	8
水泥混凝土路面	30		20	15	10

3.4.5 公路工程结构设计时应对环境影响进行评估。当结构所处的环境对其耐久性有较大影响时，应根据不同的环境类别采用相应的结构材料、设计构造、防护措施和施工质量要求等，并应制定结构在使用期间的定期检修和维护制度，使结构在设计使用年限内不因材料的劣化而影响其安全或正常使用。

3.4.6 环境对公路工程结构耐久性的影响，可通过工程经验、试验研究、计算分析或综合分析等方法进行评估。

3.5 可靠性管理

3.5.1 可靠性管理是指为确保产品达到要求的可靠性所实施的各项管理活动的总称。为保证公路工程结构在设计使用年限内具有规定的可靠度，对公路工程结构必须实施严格的质量管理和控制。

3.5.2 公路工程结构质量管理和控制的范围应包括勘察、设计、施工、使用和养护等阶段，各阶段所涉及材料和构件的质量标准、控制措施，均应在相关的标准、规范中作出明确规定。

3.5.3 公路工程结构的勘察、设计必须按工程建设强制性标准进行，应保证工程方案经济合理，方法正确无误，数据准确完整，结论全面可靠。

3.5.4 公路工程结构的施工应建立有效的质量保证体系，按设计文件、施工合同和施工工艺要求进行施工，并经竣(交)工验收合格后，方能投入使用。

3.5.5 公路工程结构的使用应符合设计文件给定的使用条件。应对使用状况进行必要的监测和检查。当结构的实际使用状况超越设计给定的使用条件时，应预先进行专门验算。

3.5.6 公路工程结构设计使用年限内应有规定的检查和养护制度，并应定期对结构的退化或损坏情况进行监测，对结构的可靠性进行评定，必要时应进行维护和维修，避免结构长期存在削弱承载能力和妨碍正常使用的缺陷。

4 极限状态设计原则

4.1 极限状态

4.1.1 公路工程结构极限状态分为承载能力极限状态和正常使用极限状态，并应符合下列要求：

1 当结构或构件出现下列状态之一时，应认为超过了承载能力极限状态：
1) 构件或连接因超过材料强度而破坏，或因过度变形而不适于继续承载。
2) 整个结构或其中一部分作为刚体失去平衡。
3) 结构转变为机动体系。
4) 结构或构件丧失稳定。
5) 结构因局部破坏而发生垮塌。
6) 地基丧失承载力而破坏。
7) 结构或构件疲劳破坏。

2 当结构或构件出现下列状态之一时，应认为超过了正常使用极限状态：
1) 影响正常使用的变形。
2) 影响正常使用或耐久性的局部损坏。
3) 影响正常使用的振动。
4) 影响正常使用的其他特定状态。

4.1.2 对公路工程结构的各种极限状态，均应规定明确的标志或限值。

4.1.3 公路工程结构设计时，应对结构的不同极限状态进行计算或验算；当某一极限状态的计算或验算起控制作用时，可仅对该极限状态进行计算或验算。

4.2 设计状况

4.2.1 公路工程结构设计时应区分下列设计状况：
1 持久设计状况，适用于公路工程结构使用时的正常情况。
2 短暂设计状况，适用于公路工程结构出现的临时情况。
3 偶然设计状况，适用于公路工程结构出现的异常情况。
4 地震设计状况，适用于公路工程结构遭受地震时的情况。在抗震设防地区必须考虑地震设计状况。

4.2.2 公路工程结构设计时，应按各自情况确定设计状况，并据此选定极限状态和相应的结构体系、计算模式、可靠度水平、基本变量和作用组合等。

4.3 极限状态设计

4.3.1 对本标准第4.2.1条规定的四种设计状况，应按下列规定分别进行相应的极限状态设计：
1 对规定的四种设计状况，均应进行承载能力极限状态设计。
2 对持久设计状况，尚应进行正常使用极限状态设计。
3 对短暂设计状况，可根据需要进行正常使用极限状态设计。
4 对偶然设计状况和地震设计状况，可不进行正常使用极限状态设计。

4.3.2 进行承载能力极限状态设计时，应根据不同的设计状况采用下列作用组合：
1 基本组合，用于持久设计状况或短暂设计状况。
2 偶然组合，用于偶然设计状况。
3 地震组合，用于地震设计状况。

4.3.3 进行正常使用极限状态设计时，可采用下列作用组合：
1 标准组合，用于不可逆正常使用极限状态设计。
2 频遇组合，用于可逆正常使用极限状态设计。
3 准永久组合，用于长期效应是决定性因素的正常使用极限状态设计。

4.3.4 对每一种作用组合，公路工程结构的设计均应采用其最不利的效应设计值进行。

4.3.5 公路工程结构的极限状态可采用式(4.3.5-1)表达极限状态方程；极限状态方程中的若干变量也可组合为作用效应和结构抗力两个综合变量，此时可采用式(4.3.5-2)表达极限状态方程。

$$Z = g(X_1, X_2, \cdots, X_n) = 0 \quad (4.3.5\text{-}1)$$

$$Z = g(R, S) = R - S = 0 \quad (4.3.5\text{-}2)$$

式中： Z 或 $g(\cdot)$ ——结构的功能函数；

$X_i(i=1, 2, \cdots, n)$ ——影响结构的基本变量，包括作用、环境影响、材料和岩土性能、结构几何参量、计算模式不定性系数等随机变量；

R——结构或构件的抗力；
S——作用的效应。

4.3.6 公路工程结构按极限状态设计时，应以规定的可靠度满足式(4.3.6-1)和式(4.3.6-2)的要求：

$$Z = g(X_1, X_2, \cdots, X_n) \geqslant 0 \quad (4.3.6-1)$$

或

$$Z = R - S \geqslant 0 \quad (4.3.6-2)$$

4.3.7 结构或构件宜根据规定的可靠指标，采用由作用的代表值、材料性能的标准值、几何参量的标准值和各相应的分项系数构成的极限状态设计表达式进行设计。

5 结构上的作用和环境影响

5.1 一般规定

5.1.1 公路工程结构设计时，应考虑结构上可能出现的各种作用。

5.1.2 公路工程结构的作用可分为直接作用和间接作用。

5.1.3 公路工程结构的各种作用，若在时间上或空间上可认为相互随机独立，则每一种作用都可按对结构单独的作用分别考虑；若某些作用是随机相关的，且经常以它们的最大值同时出现，则可将它们按一种作用考虑。

5.1.4 公路工程结构的作用按随时间变化可分为永久作用、可变作用、偶然作用，按空间位置变化可分为固定作用和自由作用，按对结构的反应可分为静态作用和动态作用。

5.1.5 公路工程结构的作用随时间变化的规律，宜采用随机过程的概率模型来描述，但对不同的情况可采用不同的方法进行简化：
    1 对于永久作用，在结构设计中可采用随机变量概率模型。
    2 对于可变作用，在结构设计中可采用随机过程概率模型。在确定可变作用的代表值时，可采用将设计基准期内最大值作为随机变量的概率模型。

5.1.6 公路工程结构应根据不同极限状态的设计要求，在相应的作用组合中对可能同时出现的各种作用，选用不同的作用代表值。

5.2 桥涵结构的作用

5.2.1 桥涵结构作用的统计参数和概率分布类型应以实际观测或试验数据为基础，运用参数估计和概率分布假设检验方法确定，检验的显著水平可采用0.05。当受条件限制而统计资料不足时，也可结合工程经验分析判断确定。

5.2.2 永久作用的代表值应采用标准值；可变作用的代表值应采用标准值、组合值、频遇值和准永久值。当设计上有特殊要求时，也可规定作用的其他代表值。

5.2.3 作用的代表值应按下列规定确定：

1 当有充分观测数据时，桥涵结构上作用的标准值应按设计基准期内的最不利作用概率分布的某个统计特征值按本标准附录 A 的方法确定；当有条件时，可对各种作用统一规定该统计特征值的概率定义。

2 对于观测数据不充分或受政策因素影响较大的作用（如汽车荷载），其标准值也可根据统计分析、工程经验和相关法规政策通过综合分析判断确定。

3 可变作用的组合值、频遇值和准永久值可通过对可变作用的标准值分别乘以不大于 1 的组合值系数、频遇值系数和准永久值系数等折减系数确定。组合值系数、频遇值系数和准永久值系数可按本标准附录 A 的方法确定。

5.2.4 偶然作用的代表值可根据历史记载、现场观测和试验，并结合工程经验经综合分析判断确定，也可根据有关标准的专门规定确定。

5.2.5 地震作用的代表值宜采用地震作用的标准值，根据现行《公路工程抗震规范》（JTG B02）的规定确定。

5.2.6 当桥涵结构上的作用比较复杂且不能直接描述时，可根据作用形成的机理，建立适当的数学模型来表征作用的大小、位置、方向和持续期等性质。

5.2.7 对自由作用应考虑各种可能的荷载布置，并与固定作用等一起作为验证结构某特定极限状态的荷载工况。

5.2.8 结构疲劳作用的变幅重复荷载历程可通过实测或模拟等方法确定。

5.3 隧道结构的作用

5.3.1 隧道结构的作用应根据所处建设条件综合确定。对于地形地质条件复杂的特殊隧道结构的作用，必要时应通过专题研究确定。

5.3.2 松散土压力、围岩变形压力、水压力等应按永久作用考虑；变化频繁的水压力、温度作用应按可变作用考虑；岩爆冲击、落石冲击等应按偶然作用考虑。

5.3.3 隧道结构的作用统计参数和概率分布类型应以实际观测或试验数据为基础，运用参数估计和概率分布假设检验方法确定，其检验的显著性水平可取 0.05，并应符合下列规定：

1 围岩松动压力及水压力标准值可按其概率分布的 0.05 分位值确定。
2 围岩变形压力标准值可按其概率分布的 0.15 分位值确定。
3 围岩弹性抗力作用标准值可按其概率分布的 0.5 分位值确定。

5.3.4 作用于隧道结构的外水压力，高于静水压力设计值的部分可按可变作用考虑。

5.3.5 爆炸作用、岩爆冲击及落石冲击等偶然作用应采用其设计值，其值可根据分析计算或工程经验综合确定，也可根据有关标准的专门规定确定。

5.3.6 对于地震作用，应按现行《公路工程抗震规范》(JTG B02)的规定采用其标准值。

5.4 路面结构的作用

5.4.1 汽车荷载的空间位置变化可用轮迹横向分布来描述。时间变化可用车辆的月调节系数等表征。

5.4.2 路面结构按疲劳设计时，其作用应按下列规定取用：
1 汽车荷载可用设计轴载和重复作用次数两个参数表征。
2 温度、湿度等间接作用的代表值，宜考虑与设计轴载的耦合效应，按累计疲劳损伤效应，采用温度、湿度的标准值乘以疲劳等效系数确定，或采用其随时间变化概率分布的某个特征值确定。

5.4.3 路面结构按强度设计时，汽车荷载的轴载代表值宜按轴载谱的某个统计特征值确定；温度、湿度的代表值，应按设计基准期内的不利条件确定。

5.5 环境作用

5.5.1 对不同的环境作用应进行区分，且结构设计中应采用不同的防护措施和方法。

5.5.2 对结构的环境作用应进行定量描述；当没有条件进行定量描述时，也可通过环境对结构的作用程度的分级等方法进行定性描述，并在设计中采取相应的技术措施。

6 材料和岩土的性能及结构的几何参量

6.1 材料和岩土的性能

6.1.1 公路工程中材料与岩土的性能，宜包括其强度、弹性模量、变形模量、压缩模量、黏聚力、内摩擦角等物理力学性能。

6.1.2 公路工程结构材料性能和具备条件的岩土性能宜采用随机变量的概率模型描述。材料和岩土性能的概率分布类型和统计参数应以试验数据为基础，运用参数估计和概率分布的假设检验方法确定，检验的显著性水平可取 0.05。

6.1.3 当标准试件与实际结构、标准试验条件与实际工作条件存在差异时，按标准试验方法确定的材料性能，应根据相应的对比试验结果或者工程经验判断，通过换算系数或函数将其转换为实际结构的材料性能。结构中材料性能的不定性，可由标准试验方法确定的材料性能不定性和换算系数或函数的不定性推算确定。

6.1.4 公路工程材料强度的概率分布宜采用正态分布或对数正态分布。材料性能的标准值可按下列规定确定：
  1 公路桥涵、隧道等工程结构材料强度的标准值应按其概率分布的 0.05 分位值确定。
  2 路面各结构层材料强度的标准值可按其概率分布的 0.15 分位值确定。
  3 材料的弹性模量、泊松比等物理性能的标准值可按其概率分布的 0.5 分位值确定。
  4 当试验数据不充分时，材料性能的标准值可采用有关规定值，也可根据工程经验，经分析判断确定。

6.1.5 公路工程中岩土各性能指标以及地基和桩的承载力等，应通过原位测试、室内试验等直接或间接的方法确定，并应考虑钻探取样的扰动、室内外试验条件与实际工程结构条件的差别，以及所采用公式的误差等因素的影响。

6.1.6 岩土性能的标准值宜根据原位测试和从现场取样的室内试验结果，按其概率分布的某个分位值确定。当试验数据不足时，可采用有关规定值或工程经验确定。

6.2 结构的几何参量

6.2.1 结构或构件的几何参量宜按下列规定确定：

1 几何参量宜采用随机变量概率模型描述。几何参量的概率分布类型和统计参数，应以正常生产情况下结构或构件几何尺寸的测试数据为基础，运用参数估计和概率分布的假设检验方法确定。

2 当测试数据不充分时，几何参量的统计参数可根据有关规定的公差，经分析判断确定。

3 当几何参量的变异性对结构抗力及其他性能的影响很小时，几何参量可作为确定性变量。

6.2.2 几何参量的标准值可采用设计公称值，或根据几何参量概率分布的某个分位值确定。

7 结构分析与试验辅助设计

7.1 一般规定

7.1.1 结构分析应包括确定结构及其连接的作用效应、抗力和其他性能。结构分析可采用计算、模型试验或原型试验等方法来完成。

7.1.2 结构分析的精度，应能满足结构设计要求，必要时宜进行试验验证。

7.1.3 在结构分析中，宜考虑环境对材料、构件和结构性能的影响。

7.2 结构分析模型

7.2.1 结构分析采用的基本假定和计算模型，应考虑结构形式、支撑条件、环境条件、温度条件和材料性能、作用情况、施工方法等特点，并应能合理描述所考虑的极限状态下的结构反应。

7.2.2 结构分析所采用的各种简化或近似假定，应具有理论或试验依据，或经工程验证可行。

7.2.3 结构计算模型的不定性应在极限状态方程中采用一个或多个附加基本变量来考虑。附加基本变量的概率分布类型和统计参数，可通过按计算模型的计算结果与按精确方法的计算结果或实际的观测结果相比较，经统计分析确定，也可根据工程经验判断确定；计算模型不定性也可在可靠度系数或分项系数中反映。

7.2.4 应在结构分析中考虑环境对结构或构件耐久性退化的影响。

7.2.5 应在结构分析中考虑易损构件失效的影响。

7.2.6 可采用适当的等效弹簧来模拟地基与结构的相互作用。

7.3 作用分析模型

7.3.1 对与时间无关的或不计累积效应的静力分析，可仅考虑发生在设计基准期内作用效应的最大值和最小值；当动力响应起控制作用时，应有比较详细的过程描述。

7.3.2 当不能准确确定作用参数时，应对作用参数给出上下限范围，并进行比较以确定不利的作用效应。

7.3.3 当结构承受自由作用时，应根据每一自由作用可能出现的空间位置、大小和方向，分析确定对结构最不利的荷载布置，或根据经验确定荷载布置。

7.4 分析方法

7.4.1 结构分析应根据结构类型、材料性能和受力特点等因素，采用线性、非线性或试验分析方法；当结构性能始终处于弹性状态时，可采用弹性理论进行结构分析，否则宜采用弹塑性理论进行结构分析。

7.4.2 当结构达到极限状态前能够产生足够的塑性变形，且所承受的不是多次重复作用时，可采用塑性理论进行结构分析；当结构的承载力由脆性破坏或稳定控制时，不应采用塑性理论分析。

7.4.3 当结构对动力作用的响应敏感时，应对结构进行动力响应分析。

7.4.4 当动力作用可被认为是拟静力作用时，可通过把动力作用分析结果包括在静力作用中或对静力作用乘以等效动力放大系数等方法，来考虑动力作用效应。

7.4.5 当结构的变形可能使作用及其效应显著变化时，应在结构分析中考虑结构变形的影响。

7.5 试验辅助设计

7.5.1 对没有适当分析模型的特殊情况，可进行试验辅助设计，其具体方法宜符合本标准附录 B 的规定。

7.5.2 采用试验辅助设计的结构，应达到相关设计状况采用的可靠度水平，并应考虑试验结果的数量对相关统计参数不定性的影响。

8 分项系数设计方法

8.1 一般规定

8.1.1 公路工程结构的极限状态设计表达式，可根据各类结构的设计要求，采用分项系数模式或可靠度系数模式表达。

8.1.2 公路工程结构、构件极限状态设计表达式中所包含的各种分项系数，宜根据有关基本变量的概率分布类型和统计参数及规定的可靠指标，按本标准附录 C 规定的方法通过计算分析，并结合工程经验，经优化后确定。当缺乏统计数据时，可根据传统的或经验的设计方法，采用有关标准、规范规定各种分项系数。

8.1.3 基本变量的设计值可按下列规定确定：
1 作用的设计值 F_d 可按式(8.1.3-1)确定：
$$F_d = \gamma_F F_r \tag{8.1.3-1}$$
式中：F_r——作用的代表值；
γ_F——作用的分项系数。

2 材料性能的设计值 f_d 可按式(8.1.3-2)确定：
$$f_d = \frac{f_k}{\gamma_M} \tag{8.1.3-2}$$
式中：f_k——材料性能的标准值；
γ_M——材料性能的分项系数。

3 几何参量的设计值 a_d 可采用几何参量的标准值 a_k。当几何参量的变异性对结构性能有明显影响时，几何参量的设计值可按式(8.1.3-3)确定：
$$a_d = a_k \pm \Delta_a \tag{8.1.3-3}$$
式中：Δ_a——结构或构件几何参量的附加量。

4 结构抗力的设计值 R_d 可按式(8.1.3-4)确定：
$$R_d = R(f_k/\gamma_M, a_d) \tag{8.1.3-4}$$
式中：R——结构或构件的抗力。

注：根据需要，也可从材料性能的分项系数 γ_M 中将反映抗力模型不定性的系数 γ_{R_d} 分离出来。

8.1.4 公路工程结构设计，在极限状态表达式中可引入结构重要性系数，其值按结构安全等级确定。

8.2 承载能力极限状态

8.2.1 公路工程结构或构件按承载能力极限状态设计时,应考虑下列状态:
1 结构或构件(包括基础等)破坏或过度变形,此时结构的材料强度起控制作用。
2 整个结构或其一部分作为刚体失去静力平衡,此时结构材料或地基的强度一般不起控制作用。
3 地基的破坏或过度变形,此时岩土的强度起控制作用。
4 结构或构件的疲劳破坏,此时结构的材料疲劳强度起控制作用。

8.2.2 公路工程结构或构件按承载能力极限状态设计时,应符合下列要求:
1 结构或构件(包括基础等)的破坏或过度变形的承载能力极限状态设计,应符合式(8.2.2-1)的要求:

$$\gamma_0 S_d \leqslant R_d \quad (8.2.2\text{-}1)$$

式中:γ_0——结构重要性系数;
S_d——作用组合的效应设计值;
R_d——结构或构件的抗力设计值。

2 整个结构或其一部分作为刚体失去静力平衡的承载能力极限状态设计,应符合式(8.2.2-2)的要求或根据不同结构按各有关设计规范的规定计算:

$$\gamma_0 S_{d,dst} \leqslant S_{d,stb} \quad (8.2.2\text{-}2)$$

式中:$S_{d,dst}$——不平衡作用效应的设计值;
$S_{d,stb}$——平衡作用效应的设计值。

3 地基的破坏或过度变形的承载能力极限状态设计,可采用分项系数法进行,但其分项系数的取值与式(8.2.2-1)中所包含的分项系数的取值可有所区别;地基的破坏或过度变形的承载力设计,也可采用容许应力法等进行。

4 公路路面结构的承载能力极限状态设计,应符合式(8.2.2-3)的要求:

$$\gamma_r \sum_{i=1}^{n} S_{Q_{ik}} \leqslant R(f_k, a_k) \quad (8.2.2\text{-}3)$$

式中:γ_r——路面结构的可靠度系数;
$S_{Q_{ik}}$——路面结构第 i 个可变作用标准值的效应。

8.2.3 承载能力极限状态设计表达式中的作用组合,应符合下列规定:
1 作用组合应为可能同时出现的作用的组合。
2 每个作用组合中应包括一个主导可变作用或一个偶然作用或一个地震作用。
3 当结构中永久作用位置的变异,对静力平衡或类似的极限状态设计结果很敏感时,该永久作用的有利部分和不利部分应分别作为单个作用。

4 当一种作用产生的几种效应非全相关时,对产生有利效应的作用,其分项系数的取值应予降低。

5 对不同的设计状况应采用不同的作用组合。

8.2.4 公路桥涵和隧道工程结构承载能力极限状态设计,对持久设计状况和短暂设计状况应采用作用的基本组合,并应符合下列规定:

1 作用基本组合的效应设计值 S_d,可按式(8.2.4)确定:

$$S_d = S(\sum_{i \geq 1} \gamma_{G_i} G_{ik}, \gamma_{Q_1} \gamma_{L1} Q_{1k}, \sum_{j>1} \gamma_{Q_j} \psi_c \gamma_{Lj} Q_{jk}) \quad (8.2.4)$$

式中:$S(\cdot)$——作用组合的效应函数;

G_{ik}——第 i 个永久作用的标准值;

Q_{1k}——第1个可变作用(主导可变作用)的标准值;

Q_{jk}——第 j 个可变作用的标准值;

γ_{G_i}——第 i 个永久作用的分项系数;

γ_{Q_1}——第1个可变作用(主导可变作用)的分项系数;

γ_{Q_j}——第 j 个可变作用的分项系数;

γ_{L1},γ_{Lj}——结构设计使用年限荷载调整系数;

ψ_c——可变作用的组合值系数。

2 当作用与作用效应可按线性关系考虑时,作用基本组合的效应设计值 S_d 可通过作用效应代数相加计算。

8.2.5 公路桥涵和隧道工程结构承载能力极限状态设计,对偶然设计状况,应采用作用的偶然组合,并应符合下列规定:

1 作用偶然组合的效应设计值 S_d,可按式(8.2.5)确定:

$$S_d = S[\sum_{i \geq 1} G_{ik}, A_d, (\psi_{f1} 或 \psi_{q1}) Q_{1k}, \sum_{j>1} \psi_{qj} Q_{jk}] \quad (8.2.5)$$

式中:A_d——偶然作用设计值;

ψ_{f1}——第1个可变作用的频遇值系数,按有关公路工程结构设计规范的规定采用;

ψ_{q1},ψ_{qj}——第1个和第 j 个可变作用的准永久值系数,按有关公路工程结构设计规范的规定采用。

2 当作用与作用效应可按线性关系考虑时,作用偶然组合的效应设计值可通过作用效应代数相加计算。

8.2.6 公路工程结构承载能力极限状态设计,对地震设计状况,应采用作用的地震组合,作用地震组合的效应设计值应按有关的抗震设计规范计算。

8.2.7 当永久作用对构件承载力起有利作用时,式(8.2.4)中永久作用分项系数 γ_G

的取值不应大于1.0。

8.3 正常使用极限状态

8.3.1 公路工程结构或构件按正常使用极限状态设计时，应符合式(8.3.1)的要求：
$$S_d \leq C \tag{8.3.1}$$
式中：S_d——作用组合的效应(如变形、裂缝等)设计值；
C——设计对变形、裂缝等规定的相应限值，应按有关公路工程结构设计规范的规定采用。

8.3.2 公路工程结构正常使用极限状态设计，应根据不同情况采用作用的标准组合、频遇组合或准永久组合，并应符合下列规定：
1 当采用标准组合时：
1) 作用标准组合的效应设计值 S_d，可按式(8.3.2-1)确定：
$$S_d = S(\sum_{i \geq 1} G_{ik}, \ Q_{1k}, \ \sum_{j>1} \psi_c Q_{jk}) \tag{8.3.2-1}$$
2) 当作用与作用效应可按线性关系考虑时，作用标准组合的效应设计值 S_d 可通过作用效应代数相加计算。
2 当采用频遇组合时：
1) 作用频遇组合的效应设计值 S_d，可按式(8.3.2-2)确定：
$$S_d = S(\sum_{i \geq 1} G_{ik}, \ \psi_{f1} Q_{1k}, \ \sum_{j>1} \psi_{qj} Q_{jk}) \tag{8.3.2-2}$$
2) 当作用与作用效应可按线性关系考虑时，作用频遇组合的效应设计值 S_d 可通过作用效应代数相加计算。
3 当采用准永久组合时：
1) 作用准永久组合的效应设计值 S_d，可按式(8.3.2-3)确定：
$$S_d = S(\sum_{i \geq 1} G_{ik}, \ \sum_{j \geq 1} \psi_{qj} Q_{jk}) \tag{8.3.2-3}$$
2) 当作用与作用效应可按线性关系考虑时，作用准永久组合的效应设计值 S_d 可通过作用效应代数相加计算。

8.3.3 对正常使用极限状态，材料性能的分项系数 γ_M，除各种材料的结构设计规范有专门规定外，应取为1.0。

附录 A 作用代表值的确定方法

A.1 永久作用的标准值

A.1.1 永久作用的概率分布可采用正态分布，其平均值和变异系数根据观测资料，用数理统计方法确定。

A.1.2 永久作用的标准值可按下列原则确定：

1 结构自重的标准值应根据结构设计图纸规定的尺寸和材料重度标准值进行计算。对自重变异性很小的结构，可取其平均值。对某些自重变异性较大的结构，当自重增加对结构不利时，采用其概率分布的高分位值作为标准值；当自重增加对结构有利时，采用其概率分布的低分位值作为标准值。当结构受自重变异性的影响非常敏感时，即使变异性很小也应采用高分位和低分位两个标准值。

2 预应力作用可采用高分位值和低分位值两个标准值，两个值均应考虑时间因素。对于承载能力极限状态可采用平均值。

3 因施工方式、材料收缩或膨胀引起的外加变形可采用指定值，因收缩或膨胀引起的变形宜考虑时间因素。

A.2 可变作用的标准值

A.2.1 结构上的可变作用宜采用随机过程概率模型描述。具体分析时，可将可变作用的随机过程模型转化为结构设计基准期内的最大值随机变量概率模型描述，并符合下列规定：

1 当可变作用采用平稳随机过程模型时，可将结构设计基准期分为若干个相等的时段，应用可变作用的最大值分布原理，按式(A.2.1)确定设计基准期内可变作用最大值的概率分布函数：

$$F_{Q_T}(x) = [F_Q(x)]^m \quad (A.2.1)$$

式中：$F_{Q_T}(x)$——可变作用设计基准期内最大值的概率分布函数；

$F_Q(x)$——可变作用任意时段最大值的概率分布函数；

m——设计基准期内可变作用的时段数。

2 当可变作用采用其他类型的随机过程模型时，可变作用在设计基准期内最大值的概率分布函数应采用相应的公式确定。

A.2.2 公路工程结构的设计基准期宜按表 A.2.2 选取。

表 A.2.2 公路工程结构的设计基准期

类　别	结　构	设计基准期(年)
1	桥涵	100
2	隧道	100
3	路面	50

A.2.3 可变作用的统计参数和任意时点概率分布应以实际观察或试验数据为基础，运用参数估计和概率分布的假设检验方法确定。

A.2.4 可变作用的标准值可按设计基准期内其最大值概率分布可接受的概率确定，并应符合下列规定：

1 一般可变作用的标准值可按式(A.2.4-1)确定：

$$Q_k = F_{Q_T}^{-1}(p) \quad (A.2.4\text{-}1)$$

式中：Q_k——可变作用的标准值；
$F_{Q_T}^{-1}(\cdot)$——可变作用设计基准期内最大值概率分布函数的反函数；
p——可接受的概率，应取较大值。

2 自然因素产生的可变作用标准值可根据重现期按式(A.2.4-2)确定：

$$Q_k = F_Q^{-1}\left(1 - \frac{1}{T_R}\right) \quad (A.2.4\text{-}2)$$

式中：Q_k——可变作用的标准值；
$F_Q^{-1}(\cdot)$——可变作用任意时点值概率分布函数的反函数；
T_R——重现期。

A.2.5 当不能采用统计方法确定可变作用的概率分布时，标准值可根据经验确定。

A.3 可变作用的组合值

A.3.1 可变作用组合值的确定应满足下列条件：
1 参与组合的作用互相独立。
2 每个作用的时段相等。
3 在代表性的时段内作用值的概率分布相同。
4 每个作用各时段间的量值不相关。

5 参与组合的作用是各态历经过程。

A.3.2 对应于本标准第 C.4.3 条可变作用分项系数的确定方法，可变作用组合值或组合值系数的确定可采用优化方法和设计值方法。

A.3.3 按优化方法确定可变作用的组合值系数时可采用下列步骤：

1 以安全等级为二级的结构或构件为基础，选定代表性的结构或构件（或破坏方式），由一个永久作用和两个或两个以上可变作用组成的组合和常用的作用效应比（主导可变作用效应标准值与永久作用效应标准值的比值，伴随可变作用效应标准值与主导可变作用效应标准值的比值）；

2 根据已经确定的分项系数 γ_G、γ_Q，计算不同结构或构件、不同作用组合和常用的作用效应比下的抗力设计值；

3 根据已经确定的抗力分项系数 γ_R，计算不同结构或构件、不同作用组合和常用作用效应比下的抗力标准值；

4 计算不同结构或构件、不同作用组合和常用的作用效应比下的可靠指标；

5 对选定的所有代表性结构或构件、作用组合和常用的作用效应比，优化确定组合值系数 ψ_c，使按分项系数表达式设计的结构或构件的可靠指标 β 与目标可靠指标 β_T 具有最佳的一致性；

6 根据以往的工程经验，对优化确定的组合值系数 ψ_c 进行判断，必要时进行调整；

7 可变作用组合值系数与标准值的乘积为组合值 $\psi_c Q_k$。

A.3.4 采用设计值方法时，可变作用的组合值应按式（A.3.4）确定：

$$\psi_c Q_k = \frac{F_{Q_T}^{-1}[\Phi(\alpha_Q \beta_T)^m]}{F_{Q_T}^{-1}[\Phi(\alpha_{Q_T} \beta_T)]} Q_k \quad (A.3.4)$$

式中：ψ_c——可变作用的组合值系数；

Q_k——可变作用的标准值；

$F_{Q_T}^{-1}(\cdot)$——可变作用设计基准期内最大值概率分布函数的反函数；

$\Phi(\cdot)$——标准正态随机变量的概率分布函数；

α_Q、α_{Q_T}——采用一次二阶矩方法计算可靠指标时得到的可变作用时段值的敏感系数和设计基准期最大值的敏感系数；

β_T——目标可靠指标；

m——设计基准期内可变作用的时段数。

A.3.5 当不能给出可变作用的随机过程模型或任意时点分布及统计特征时，组合值或组合值系数可根据工程经验确定。

A.4 可变作用的频遇值

A.4.1 可变作用的频遇值可根据可变作用的随机过程模型按下列方法之一确定：

1 可变作用的频遇值宜根据超越作用值的总持续时间与设计基准期的比值按图 A.4.1-1 确定，其比值按式（A.4.1-1）计算：

$$\eta_x = \frac{\sum t_i}{T} \quad (A.4.1\text{-}1)$$

式中：η_x——超越作用值的总持续时间与设计基准期的比值，一般小于 0.1；
$\sum t_i$——超越作用值的总持续时间；
T——设计基准期。

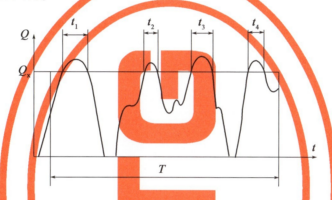

图 A.4.1-1 按超越作用值的总持续时间与设计基准期的比值确定可变作用频遇值

对于各态历经过程，当比值为规定的 η_x 值时，可变作用频遇值按式（A.4.1-2）确定：

$$Q_x = F_Q^{-1}\left(1 - \frac{\eta_x}{q}\right) \quad (A.4.1\text{-}2)$$

式中：Q_x——可变作用频遇值；
$F_Q^{-1}(\cdot)$——作用任意时点值概率分布函数的反函数；
q——作用的非零概率。

2 可变作用的频遇值可根据跨阈率按图 A.4.1-2 确定，跨阈率按式（A.4.1-3）计算：

$$\nu_x = \frac{n_x}{T} \quad (A.4.1\text{-}3)$$

式中：ν_x——跨阈率；
n_x——设计基准期内超越作用值的总频数；
T——设计基准期。

当可变作用任意时点值的平均值及其跨阈率已知，且作用是高斯平稳各态历经随机过程时，对应于规定跨阈率的作用值可按式（A.4.1-4）计算：

$$Q_x = \mu_Q + \sigma_Q \sqrt{\ln(\nu_m/\nu_x)} \quad (A.4.1\text{-}4)$$

式中：Q_x——可变作用的频遇值；
μ_Q——可变作用任意时点值的平均值；
σ_Q——可变作用任意时点值的标准差；
ν_m——可变作用跨越任意时点值平均值的跨阈率；
ν_x——可变作用跨越规定值的跨阈率。

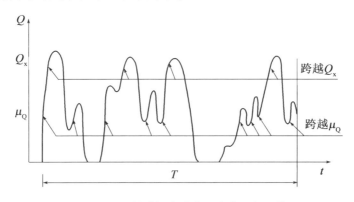

图 A.4.1-2 按跨阈率确定可变作用频遇值

A.4.2 可变作用频遇值系数可按式（A.4.2）确定：

$$\psi_f = \frac{Q_x}{Q_k} \qquad (A.4.2)$$

式中：ψ_f——可变作用频遇值系数；
Q_x——可变作用频遇值；
Q_k——可变作用标准值。

A.4.3 当不能确定可变作用随机过程模型或任意时点值的概率分布及统计特征时，频遇值或频遇值系数可根据经验确定。

A.5 可变作用的准永久值

A.5.1 可变作用的准永久值可根据可变作用的随机过程模型，按下列方法之一确定：

1 对在结构上经常出现的可变作用，可将其出现部分的平均值作为准永久值。

2 对不易判别是否在结构上经常出现的可变作用，准永久值可按作用值超越的总持续时间与设计基准期的规定比值确定，该比值可取 0.5。当可变作用是各态历经随机过程时，准永久值可直接按式（A.4.1-2）确定。

A.5.2 当不能确定可变作用的随机过程模型或时点分布及统计特征时，准永久值或准永久系数根据经验确定。

附录 B 试验辅助设计

B.1 基本要求

B.1.1 试验辅助设计应符合下列要求：

1 在试验进行之前，应制订试验方案。试验方案应包括试验目的、试件的选取和制作，以及试验实施和评估等所有必要的说明。

2 制订试验方案，应预先进行定性分析，确定所考虑结构或构件性能的可能临界区域和相应极限状态标志。

3 试件宜采用与构件实际加工相同的工艺制作。

4 按试验结果确定设计值时，应考虑试验数量的影响。

B.1.2 应通过适当的换算或修正系数考虑试验条件与结构实际条件的不同。换算系数 η 应通过试验或理论分析来确定。影响换算系数 η 的主要因素包括尺寸效应、时间效应、试件的边界条件、环境条件、工艺条件等。

B.2 试验结果的统计评估原则

B.2.1 统计评估应符合下列基本原则：

1 在评估试验结果时，应将试件的性能和失效模式与理论预测值进行对比，当偏离预测值过大时，应分析原因，并做补充试验。

2 应根据已有的分布类型及参数信息，以统计方法为基础对试验结果进行评估；本标准附录 B 给出的方法仅适用于统计数据（或先验信息）取自同一母体的情况。

3 试验的评估结果仅对所考虑的试验条件有效，不宜将其外推应用。

B.2.2 材料性能、模型参数或抗力设计值的确定应符合下列基本原则：

1 可采用经典统计方法或贝叶斯法推断材料性能、模型参数或抗力的设计值：先确定标准值，然后除以一个分项系数，必要时要考虑换算系数的影响。

2 在进行材料性能、模型参数或抗力设计值评估时，应考虑试验数据的离散性、与试验数量相关的统计不定性和先验的统计知识。

附录 C 分项系数确定方法

C.1 一般规定

C.1.1 按本附录进行可靠度分析和设计时,应具备下列条件:
1 建立了所考虑极限状态的方程。
2 基本变量具有准确、可靠的统计数据及概率分布。

C.1.2 两个及两个以上可变作用参与组合时,可采用塔克斯特拉(Turkstra)规则进行组合。

C.2 可靠指标计算

C.2.1 可靠指标计算宜采用考虑基本(或综合)变量概率分布类型的一次可靠度方法,也可采用其他方法。

C.2.2 采用一次可靠度方法计算可靠指标时,应符合下列规定:
1 仅有抗力和作用效应两个相互独立的变量且均服从正态分布时,可靠指标按式(C.2.2-1)计算:

$$\beta = \frac{\mu_R - \mu_S}{\sqrt{\sigma_R^2 + \sigma_S^2}} \quad (C.2.2\text{-}1)$$

式中:β——可靠指标;
μ_R, μ_S——抗力和作用效应的平均值;
σ_R, σ_S——抗力和作用效应的标准差。

2 极限状态方程为式(4.3.5-1)且有多个相互独立的非正态基本变量时,可靠指标按式(C.2.2-2)~式(C.2.2-6)迭代计算:

$$\beta = \frac{g(x_1^*, x_2^*, \cdots, x_n^*) + \sum_{j=1}^{n} \left.\frac{\partial g}{\partial X_j}\right|_P (\mu_{X_j'} - x_j^*)}{\sqrt{\sum_{j=1}^{n}\left(\left.\frac{\partial g}{\partial X_j}\right|_P \sigma_{X_j'}\right)^2}} \quad (C.2.2\text{-}2)$$

$$\alpha_{X'_i} = -\frac{\left.\frac{\partial g}{\partial X_i}\right|_P \sigma_{X'_i}}{\sqrt{\sum_{j=1}^{n}\left(\left.\frac{\partial g}{\partial X_j}\right|_P \sigma_{X'_j}\right)^2}} \quad (i = 1, 2, \cdots, n) \quad \text{(C.2.2-3)}$$

$$x_i^* = \mu_{X'_i} + \beta \alpha_{X'_i} \sigma_{X'_i} \quad (i = 1, 2, \cdots, n) \quad \text{(C.2.2-4)}$$

$$\mu_{X'_i} = x_i^* - \Phi^{-1}[F_{X_i}(x_i^*)]\sigma_{X'_i} \quad (i = 1, 2, \cdots, n) \quad \text{(C.2.2-5)}$$

$$\sigma_{X'_i} = \frac{\varphi\{\Phi^{-1}[F_{X_i}(x_i^*)]\}}{f_{X_i}(x_i^*)} \quad (i = 1, 2, \cdots, n) \quad \text{(C.2.2-6)}$$

式中： $g(\cdot)$ ——功能函数，包括计算模式不确定性；
X_i ——基本变量；
x_i^* ——基本变量 X_i 的验算点坐标值；
$\left.\frac{\partial g}{\partial X_i}\right|_P$ ——功能函数的一阶偏导数在验算点 P 处的值；
$\mu_{X'_i}, \sigma_{X'_i}$ ——基本变量 X_i 的当量正态化变量 X'_i 的平均值和标准差；
$f_{X_i}(\cdot), F_{X_i}(\cdot)$ ——基本变量 X_i 的概率密度函数和概率分布函数；
$\varphi(\cdot), \Phi(\cdot), \Phi^{-1}(\cdot)$ ——标准正态随机变量的概率密度函数、概率分布函数和概率分布函数的反函数。

3 极限状态方程为式(4.3.5-1)且有多个相关的非正态基本变量时，将式(C.2.2-2)和式(C.2.2-3)用式(C.2.2-7)和式(C.2.2-8)替换后进行可靠指标迭代计算：

$$\beta = \frac{g(x_1^*, x_2^*, \cdots, x_n^*) + \sum_{j=1}^{n}\left.\frac{\partial g}{\partial X_j}\right|_P (\mu_{X'_j} - x_j^*)}{\sqrt{\sum_{k=1}^{n}\sum_{j=1}^{n}\left.\frac{\partial g}{\partial X_k}\right|_P \left.\frac{\partial g}{\partial X_j}\right|_P \rho_{X'_k X'_j}\sigma_{X'_k}\sigma_{X'_j}}} \quad \text{(C.2.2-7)}$$

$$\alpha_{X'_i} = -\frac{\sum_{j=1}^{n}\left.\frac{\partial g}{\partial X_j}\right|_P \rho_{X'_i X'_j}\sigma_{X'_j}}{\sqrt{\sum_{k=1}^{n}\sum_{j=1}^{n}\left.\frac{\partial g}{\partial X_k}\right|_P \left.\frac{\partial g}{\partial X_j}\right|_P \rho_{X'_k X'_j}\sigma_{X'_k}\sigma_{X'_j}}} \quad (i = 1, 2, \cdots, n) \quad \text{(C.2.2-8)}$$

式中：$\rho_{X'_i X'_j}$ ——当量正态化变量 X'_i 与 X'_j 的相关系数，可近似取变量 X_i 与 X_j 的相关系数 $\rho_{X_i X_j}$。

C.3 可靠度校准

C.3.1 本节可靠度校准方法适用于杆系结构或构件，其他结构可参照执行。

C.3.2 采用可靠度方法校准按已有设计方法设计的结构或构件的可靠度水平时，所选取的结构或构件应具有代表性。

C.3.3 结构可靠度校准可采用下列步骤：

1 确定校准范围，如选取结构物类型或结构材料形式（混凝土结构、钢结构等），根据目标可靠指标的适用范围选取代表性的结构或构件（包括构件的破坏形式）；

2 确定设计中基本变量的取值范围，如可变作用标准值与永久作用标准值比值的范围；

3 分析传统设计方法的表达式，如抗弯表达式、抗剪表达式、结构稳定验算表达式等；

4 计算不同结构或构件的可靠指标 β_i；

5 根据结构或构件在工程中的应用数量、所占比例和重要性，确定一组权重系数 ω_i，并满足式（C.3.3-1）要求：

$$\sum_{i=1}^{n}\omega_i = 1 \qquad (C.3.3-1)$$

6 按式（C.3.3-2）确定所校准结构或构件可靠指标的加权平均值：

$$\beta_{ave} = \sum_{i=1}^{n}\omega_i\beta_i \qquad (C.3.3-2)$$

C.3.4 结构或构件的目标可靠指标 β_T 应在式（C.3.2-2）可靠度校准结果的基础上经技术、经济等综合分析判断确定。

C.4 分项系数确定

C.4.1 本节确定分项系数的方法适用于杆系结构或构件，其他结构可参照执行。

C.4.2 结构或构件设计表达式中分项系数的确定应符合下列原则：

1 结构上的同种作用采用相同的作用分项系数，不同的作用采用各自的作用分项系数。

2 不同种类的构件采用不同的抗力分项系数，同一种构件在任何可变作用下，抗力分项系数不变。

3 对各种构件在不同的作用效应比下，按所选定的作用分项系数和抗力系数进行设计，使所得的可靠指标与目标可靠指标 β_T 具有最佳的一致性。

C.4.3 结构或构件设计表达式中的分项系数可采用优化方法和设计值方法确定。并应符合下列规定：

1 优化方法应按下列步骤进行：

1) 选定代表性的结构或构件（或破坏方式）、一个永久作用和一个可变作用组成的简单组合（如桥梁自重+汽车荷载和常用的作用效应比（可变作用效应标准值与永久作用效应标准值的比值)。

2) 对于安全等级为二级的结构或构件,重要性系数 γ_0 取为 1.0。

3) 对选定的结构或构件,确定永久作用分项系数 γ_G 和可变作用分项系数 γ_Q 下简单组合的抗力设计值。

4) 对于选定的结构或构件,确定抗力系数 γ_R 下简单组合的抗力标准值。

5) 计算选定结构或构件简单组合下的可靠指标 β。

6) 对选定的所有代表性结构或构件、所有 γ_G 和 γ_Q 的范围(以 0.1 或 0.05 的级差),优化确定 γ_R;选定一组使按分项系数表达式设计的结构或构件的可靠指标 β 与目标可靠指标 β_T 最接近的分项系数 γ_G、γ_Q 和 γ_R。

7) 根据以往的工程经验,对优化确定的分项系数 γ_G、γ_Q 和 γ_R 进行判断,必要时进行调整。

8) 当永久作用起有利作用时,分项系数表达式中的永久作用取负号,根据已经选定的分项系数 γ_Q 和 γ_R,通过优化确定分项系数 γ_G(以 0.1 或 0.05 的级差)。

9) 对于安全等级为一级、三级的结构或构件,以上面确定的安全等级为二级结构或构件的分项系数为基础,同样以按分项系数表达式设计的结构或构件的可靠指标 β 与目标可靠指标 β_T 最接近为条件,优化确定结构重要性系数 γ_0。

2 当按设计值方法确定分项系数时,永久作用分项系数 γ_G、可变作用分项系数 γ_Q 和抗力分项系数 γ_R 可分别按式(C.4.3-1)、式(C.4.3-2)和式(C.4.3-3)确定:

$$\gamma_G = \frac{G_d}{G_k} = \frac{F_G^{-1}[\Phi(\beta_T \alpha_G)]}{G_k} \quad (\text{C.4.3-1})$$

$$\gamma_{Q_i} = \frac{Q_{id}}{Q_{ik}} = \frac{F_{Q_i}^{-1}[\Phi(\beta_T \alpha_{Q_i})]}{Q_{ik}} \quad (\text{C.4.3-2})$$

$$\gamma_R = \frac{R_k}{R_d} = \frac{R_k}{F_R^{-1}[\Phi(\beta_T \alpha_R)]} \quad (\text{C.4.3-3})$$

式中: G_d,Q_{id},R_d ——分别为永久作用、可变作用和结构抗力的设计值;

G_k,Q_{ik},R_k ——分别为永久作用、可变作用和结构抗力的标准值;

$F_G^{-1}(\cdot)$,$F_{Q_i}^{-1}(\cdot)$,$F_R^{-1}(\cdot)$ ——分别为永久作用、可变作用和结构抗力随机变量概率分布函数的反函数;

β_T ——目标可靠指标;

α_G,α_{Q_i},α_R ——采用一次二阶矩法计算可靠指标时永久作用、可变作用和结构抗力的敏感系数,可通过优化分析确定。

永久作用、可变作用和抗力分布服从正态分布、极值 I 型分布和对数正态分布时,分项系数可分别按式(C.4.3-4)、式(C.4.3-5)、式(C.4.3-6)和式(C.4.3-7)确定:

$$\gamma_G = k_G(1 + \alpha_G \delta_G \beta_T) \quad (\text{C.4.3-4})$$

$$\gamma_{Q_1} = k_{Q_1} \{1 - 0.7797 \delta_{Q_1} \{0.5772 + \ln[-\ln\Phi(\alpha_{Q_1}\beta_T)]\}\} \quad (\text{C.4.3-5})$$

$$\gamma_{Q_i} = k_{Q_i}\{1 - 0.7797\delta_{Q_i}\{0.5772 + \ln[-\ln(\Phi(\alpha_{Q_i}\beta_T))^m]\}\} \quad \text{(C.4.3-6)}$$

$$\gamma_R = \frac{1}{k_R \exp(\alpha_R \delta_R \beta_T)} \quad \text{(C.4.3-7)}$$

式中：k_G，k_{Q_1}，k_{Q_i}，k_R——分别为永久作用、主导可变作用、第 i 个非主导可变作用和结构抗力随机变量平均值与标准值的比值；

δ_G，δ_{Q_1}，δ_{Q_i}，δ_R——分别为永久作用、主导可变作用、第 i 个非主导可变作用和结构抗力随机变量的变异系数；

m——第 i 个非主导可变作用随机变量设计基准期内的时段数。

本标准用词用语说明

1 本标准执行严格程度的用词，采用下列写法：
1）表示很严格，非这样做不可的用词，正面词采用"必须"，反面词采用"严禁"；
2）表示严格，在正常情况下均应这样做的用词，正面词采用"应"，反面词采用"不应"或"不得"；
3）表示允许稍有选择，在条件许可时首先应这样做的用词，正面词采用"宜"，反面词采用"不宜"；
4）表示有选择，在一定条件下可以这样做的用词，采用"可"。

2 引用标准的用语采用下列写法：
1）在标准总则中表述与相关标准的关系时，采用"除应符合本标准的规定外，尚应符合国家和行业现行有关标准的规定"。
2）在标准条文及其他规定中，当引用的标准为国家标准和行业标准时，表述为"应符合《××××××》(×××)的有关规定"。
3）当引用本标准中的其他规定时，表述为"应符合本标准第×章的有关规定"、"应符合本标准第×.×节的有关规定"、"应符合本标准第×.×.×条的有关规定"或"应按本标准第×.×.×条的有关规定执行"。

附件

《公路工程结构可靠性设计统一标准》

(JTG 2120—2020)

条 文 说 明

1 总则

1.0.1 制定《公路工程结构可靠性设计统一标准》(JTG 2120—2020)是为了协调统一各类公路工程结构设计的基本原则、基本要求和基本方法，使各类公路工程结构能够满足确保人的生命和财产安全，并符合国家技术经济政策的要求。此外，本标准提出了公路工程结构要符合可持续发展的要求，这就要求公路工程的建设要从经济、环境、社会等三方面对规划设计、施工建造和运营管理进行全过程控制。

1.0.2 本条规定的适用范围中，在公路桥涵和路面基础上，增加了公路隧道结构、地基基础，并在后续章节中作了专门的规定。其中增加隧道结构和地基基础是考虑到《公路隧道设计细则》(JTG/T D70—2010)、《公路桥涵地基与基础设计规范》(JTG 3363—2019)已经引入了分项系数设计法，并且相关规范也将逐步过渡到概率极限状态设计法，从行业规范体系协调的角度考虑纳入了这两类结构。

公路工程的其他结构，如挡土墙、路基、护栏等，没有提出专门规定，还有待于进一步研究并得到相应成果支撑后，才可逐步纳入本标准。

1.0.3 我国在公路工程结构设计领域积极推广应用以概率理论为基础、以分项系数表达的极限状态设计方法，但这并不意味着要排斥其他有效的结构设计方法。概率极限状态设计方法需要以大量的统计数据为基础，当不具备这一条件时，公路工程结构设计可根据可靠的工程经验或通过必要的试验研究进行，如某些公路工程结构也可按传统经验采用容许应力或单一安全系数等方法设计。

现行《公路钢筋混凝土及预应力混凝土桥涵设计规范》(JTG 3362)按以往公路桥涵设计惯例，除了计算构件承载力外，还要计算弹性阶段的构件应力。因此，本条规定是与现行规范体系协调的。

1.0.4 可靠性设计方法是工程结构设计的发展方向，本标准作为编制公路工程结构规范的指导性文件，为各类公路工程结构设计规范制定了一个共同遵守的准则，可使同类规范在本标准的基础上逐步实现理论与方法的基本统一。

2 术语和符号

本章仅将本标准出现的、需要明确定义的术语列出，有关公路工程专业性的通用术语没有编入。

术语的解释，其中有部分是国际公认的，如极限状态等，但大部分则是概括性的含义，并非国际或国家公认的。术语的英文名称不是标准化名称，仅供引用时参考。

本章符号按有关结构可靠性、作用及作用效应、材料性能和几何参数等几部分列出，这些符号的主体符号是按现行国家标准的规定采用的；当现行国家标准无统一规定时，则按习惯采用。本标准应用的符号没有被全部列出，本章只列出一些主要的。

3 基本规定

3.1 基本要求

3.1.2 公路工程结构的可靠性包括安全性、适用性和耐久性，本条规定的第 1 款、第 4 款是对结构安全性的要求，第 2 款是对结构适用性的要求，第 3 款是对结构耐久性的要求。

能承受规定的各类作用及其组合，主要指在设计考虑的作用和组合工况下，结构和构件的响应满足规定的要求，且具有规定的可靠指标。

对于公路桥梁而言，正常使用中的超载车辆是非正常的，超载情况下，桥梁能保证良好使用性能的概率将大大降低。

正常维护除了日常的养护外，还包括必要的管理、监测、加固等工作，这是保证桥梁持续、耐久正常使用的重要基础。

公路桥梁一般处于复杂的运营环境中，既承受车辆通行、车船撞击等社会性随机荷载，也承受地震、风雨、洪水、温差等自然作用。实际中可能承受的各类作用值也大小不一。设计考虑的偶然作用是指设计中经过计算分析的偶然作用值，在此作用下，桥梁等结构的破坏模式需在设计考虑和控制范围内，如设计中采取措施防止桥梁的连续倒塌和倾覆。

3.2 安全等级

3.2.1 破坏后果主要指危及人的生命安全、造成经济损失、对社会或环境产生影响等。表中适用对象主要指公路桥涵主体结构，对诸如桥梁防撞护栏等附属设施，其安全等级要与结构主体协调，并考虑结构所处的位置，尽可能减小破坏后果。

3.2.2 隧道结构的安全等级的相关规定主要适用于隧道支护及洞门等主体结构。

3.2.4 路面结构安全等级调整的规定主要是考虑到同一路线通常会穿越不同地段，当不得已时可以根据实际情况在整体安全等级的基础上进行适当调整，为了避免同一路线技术等级相差过大，规定调整不超过一级。对于桥隧工程而言，同一工程中存在诸多构件，其中包括重要或次要构件，这些构件可在主体结构安全等级的基础上进行适当调整，出于对结构整体安全性协调的考虑，规定调整的幅度不超过一级。

3.3 目标可靠指标

3.3.1 目标可靠指标是度量结构可靠性的数值指标，国内外相关工程普遍将目标可靠指标作为结构设计安全性的度量。目标可靠指标可根据校准法、现有标准以及工程经验和经济优化原则判断确定。

对于现行标准尚未规定目标可靠指标的公路工程结构，在编制可靠性设计标准时可采用校准法并结合工程经验加以确定，校准法就是根据各基本变量的统计参数和概率分布类型，运用可靠度计算方法，揭示以往标准隐含的可靠度，以此作为确定目标可靠指标的主要依据。这种方法总体上承认了以往标准的设计经验和可靠度水平，同时考虑了源于客观实际的调查统计分析资料，是比较现实和稳妥的。

对于现行标准规定了目标可靠指标的公路工程结构，在设计标准制定时可依据标准确定的目标可靠指标，也可根据工程经验对规定的可靠指标进行适当调整。

3.3.2 公路路面结构的承载能力极限状态目标可靠指标参照了《公路水泥混凝土路面设计规范》（JTG D40—2011）的相关规定。对于多设计指标的沥青路面结构，表 3.3.2-2 中目标可靠指标是适用于整个路面结构，确定单一设计指标的目标可靠指标需综合考虑各指标的相关性，以及对结构、使用性能的影响程度。

3.3.4 公路工程结构正常使用极限状态设计的可靠性，由于影响因素比较复杂，尤其缺乏足够可靠的统计资料，目前国内外研究得都还不够，各类公路工程结构正常使用极限状态目标可靠指标的具体取值未来有待于进一步研究确定。

3.4 设计使用年限

3.4.2~3.4.4 《工程结构可靠性设计统一标准》（GB 50153—2008）对公路工程结构的设计使用年限提出了明确要求，其设计使用年限的分级标准是在总结以往实践经验，考虑设计、施工和维护的难易程度，以及结构一旦失效所造成的经济损失和对社会、环境的影响基础上确定的。桥涵、隧道和路面的设计使用年限参照了《公路工程技术标准》（JTG B01—2014）的规定，考虑了公路功能、技术等级、结构重要性、养护维修等因素。

3.5 可靠性管理

3.5.1 结构达到规定的可靠度水平是有条件的，结构可靠度是在规定条件下结构完成预定功能的概率，这里的"规定条件"即是正常设计、正常施工、正常使用，工程结构的勘察、设计、施工、使用和养护以及所涉及的材料和构件，是整个工程相互关联的各个实施部分，也是结构可靠度的保证条件，因此需要对上述各个部分都进行质量管理和控制。

4 极限状态设计原则

4.1 极限状态

4.1.1 按本标准第 3.1.2 条的规定，公路工程结构需满足的各项功能要求，归结为结构的安全性、适用性和耐久性。前者属于承载能力极限状态，后两者统属于正常使用极限状态。承载能力极限状态关系到结构的破坏和安全问题，例如桥梁结构整体或局部是否垮塌、失稳，构件或连接是否破坏，路面是否疲劳断裂等。正常使用极限状态涉及结构的工作条件和性能，例如桥梁结构的变形或振动是否过大，构件裂缝是否过宽，路面的不平整度是否过大等，这些现象并不引起结构的破坏，不造成生命和财产的严重损失，但使结构使用舒适性降低，会造成结构的损伤，进而影响结构的设计使用年限。

4.2 设计状况

4.2.1 根据结构在施工和使用过程中面临的不同情况，本条规定了公路工程结构的四种设计状况。

持久状况是指结构的使用阶段。这个阶段持续的时间很长，一般取与设计使用年限相同的时间。在这期间结构可能承受的作用，结构设计时均需加以考虑。

短暂状况所对应的是结构的施工阶段和维修阶段。这个阶段的持续时间相对于使用阶段是短暂的，结构体系、结构所受作用等与使用阶段也不同，结构设计时要根据具体情况而定。

偶然状况是指结构可能遇到的异常状况，如撞击、火灾、爆炸等。这种状况出现的概率极小，且持续的时间极短。结构在极短时间内承受的作用以及结构可靠度水平等在设计中都需特殊考虑。

地震作用是一种特殊的偶然作用，与撞击等偶然作用相比，地震作用能够统计并有统计资料，可以确定其标准值。而其他偶然作用无法通过概率的方法确定其标准值，因此，两者的设计表达式是不同的。

4.2.2 公路工程结构的四种设计状况，由于所对应的结构体系、所处环境等有所不同，所以设计时采用的结构计算模式、承受的作用和材料性能的取值以及结构的可靠度水平等方面也都是不同的。各类结构要根据各自的具体条件分别加以确定。尽管所有结构都要经历施工和使用阶段，但作为设计要求，不是所有公路工程结构都考虑这四种设计状况。持久状况是结构设计的主要对象，各类结构均需考虑。但是，有些结构由于本身的特点，或者采取一些措施，最终回避了短暂状况或偶然状况的设计。

4.3 极限状态设计

4.3.1 在确定了设计状况以后，每一种设计状况还有一个极限状态设计的选择问题。承载能力极限状态是考验结构是否完成其主要功能的能力，所有设计状况均需进行设计；至于正常使用极限状态设计是否需要进行，要视各类结构具体情况而定，在持久设计状况公路桥涵结构需考虑正常使用极限状态设计。

根据工程经验，地震设计状况和偶然设计状况通常只按承载能力极限状态设计，不做正常使用极限状态设计。

4.3.2 公路工程结构的承载能力极限状态设计，按可能出现的作用，将其分为三种作用组合，即基本组合、偶然组合和地震组合。

作用的基本组合是指永久作用设计值与可变作用设计值的效应组合。这种组合用于结构的常规设计，是所有公路工程结构都需考虑的。

作用的偶然组合是指永久作用标准值、可变作用代表值和一种偶然作用标准值的效应组合。视具体情况有时也不考虑可变作用效应参与组合。作用偶然组合用于结构的特殊情况下的设计，所以不是所有公路工程结构都要采用的，一些结构可只采取构造或其他预防措施。

作用的地震组合是指永久作用标准值、可变作用代表值和地震作用标准值的效应组合。

4.3.3 参考《工程结构可靠性设计统一标准》（GB 50153—2008）的规定，将正常使用极限状态分为可逆和不可逆两种，其中可逆的极限状态是指超越正常使用的作用撤除后，超越作用产生的后果可以恢复的状态，如在弹性范围内结构受临时荷载作用变形增大，当荷载移走后，结构能够恢复到原来的变形。不可逆的使用极限状态是指当产生超越正常使用要求的作用撤出后，超越作用产生的后果不可恢复的状态。显然，对于可逆的和不可逆的使用状态，设计中的控制是不同的。因此，本标准中规定对于不可逆的正常使用极限状态采用荷载标准组合，而对于可逆的正常使用极限状态则采用频遇组合和准永久组合。

4.3.5 公路工程结构的可靠度通常受各种作用效应、材料或岩土性能、结构几何参量、计算模式准确程度等诸多因素的影响。在进行结构可靠性分析时，针对所要求的结构各种功能，把这些有关因素均作为基本变量（$X_1, X_2, \cdots, X_n$）来考虑，建立极限状态方程。

公路工程结构在建立各自的结构可靠度模型时，依据不同结构的特点和所采用的设计标准，对其极限状态方程中的综合变量给予不同的含义。例如，当路面结构采用疲劳概率模型时，其极限状态方程中相当于作用效应的综合变量，用设计基准期内预期的标准轴载累计作用次数表示；相当于综合抗力的变量，用路面结构所能承受的标准轴载作用次数（路面疲劳寿命）表示。

其他各类结构极限状态方程中的综合变量，各有其一定的意义。

4.3.6 结构可靠性设计可能出现三种状态：可靠状态、极限状态和失效状态。这三种结果可用图 4-1 示意。

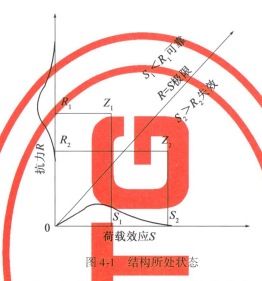

图 4-1 结构所处状态

图中 45°直线表示结构处于极限状态，此时极限状态方程为 $Z = R - S = 0$，作用效应等于结构抗力。图中位于直线上方的表示结构处于可靠状态，即 $S_1 < R_1$；位于直线下方的表示结构处于失效状态，即 $S_2 > R_2$。结构可靠性设计的目的，就是要使结构处于可靠状态，至少也要处于极限状态，即 $Z = R - S \geq 0$。

5 结构上的作用和环境影响

5.1 一般规定

5.1.1 作用是施加在结构上的力、位移或引起变形、约束变形的原因,其对结构的效应都是使结构产生了内力,影响结构的使用和安全。此外,结构所处的外在环境或结构内部的物理(如冻融)、化学(如氯化物导致的钢筋锈蚀等)作用也会影响结构的使用和安全,也属于作用。

5.1.2 引起结构反应的原因有两种截然不同的性质,一种是施加于结构上的外力,如车辆、人群、结构自重等,它们是直接施于结构上的,称为直接作用,可用"荷载"来概括。另一种不是以外力形式施加于结构,它们产生的效应常与结构本身特性、结构所处环境有关,如地震、基础不均匀沉降、混凝土收缩和徐变、温度变化等,这些都是间接作用于结构的,如果也称"荷载",就会引起人们的误解。因此,国际上普遍把所有引起结构反应的原因统称为"作用",而"荷载"仅限于表达施加于结构上的直接作用。

5.1.3 结构上的很多作用,如桥梁上汽车的离心力与流水压力在时间上和量值上都是独立的,在计算结构效应和进行作用组合时,按两个独立的设计变量考虑。某些作用在结构上同时出现且以最大值出现,如桥梁上的诸多单个车辆,可将其以车队形式作为单个荷载考虑。

5.1.4 作用按随时间变化分为永久作用、可变作用和偶然作用,这是结构上作用的基本分类。

(1)桥涵的永久作用主要包括结构自重、土重和土侧压力、混凝土收缩和徐变、水位不变的水压力、浮力、基础变位、预加应力等;隧道的永久作用包括结构自重、结构附加荷载、围岩压力、土压力、混凝土收缩和徐变等;路面的永久荷载主要是路面材料自重。

(2)桥涵的可变作用包括汽车荷载及其冲击力、离心力和制动力、人群荷载、汽车荷载产生的土侧压力、风荷载、温度和湿度变化、水位变化的水压力和冰压力等;隧道的可变作用包括汽车荷载及其产生的土压力、冲击力、温度变化的影响、灌浆压力、冻胀力等;路面的可变作用包括汽车荷载、温度变化等。

(3)桥涵的偶然作用包括船舶撞击、泥石流等;隧道的偶然作用包括车辆撞击、落石冲击力等；路面的偶然作用主要是落石冲击力。

固定作用包括结构自重、固定设备自重等；自由作用包括汽车荷载、人群荷载、风荷载等。作用按空间位置变化分类是为了考虑结构上的作用按最不利布置对结构安全性的影响，如对于连续桥梁，需考虑隔跨布置车辆引起的最大弯矩和剪力。

作用按对结构的反应分为静态作用和动态作用，静态作用包括结构自重等，动态作用包括汽车荷载、地震等。做这样的分类是因为在进行结构分析时，需要考虑某些作用的动力效应。把作用分为静态或动态，不在于作用本身是否有动力特性，而主要在于它是否使结构产生不可忽略的加速度。例如，人群荷载虽是一个具有一定动力特性的荷载，但它对桥梁产生的动力效应可以忽略不计，所以仍视为静态作用。

5.1.5 获得设计变量的概率分布和统计参数是基于概率的极限状态设计方法的关键因素。对公路桥梁的恒荷载、汽车荷载、人群荷载、汽车冲击系数、风荷载、温度作用、路面结构交通参数等进行了大量的调查和统计分析，得到了这些作用的概率模型和统计参数。统计分析表明，公路桥梁恒荷载服从正态分布，一般运行状态的汽车荷载可用滤过泊松过程描述，密集运行状态的汽车荷载可用滤过韦泊过程描述，人群荷载、汽车冲击系数、风荷载和温度作用可用平稳二项随机过程模型描述，其中荷载量值服从极值Ⅰ型分布。近年来，结合交通运输部西部项目"桥梁设计荷载与安全鉴定荷载的研究"，对全国一些有代表性的地区和公路的汽车荷载进行调查和统计分析，汽车荷载服从多峰分布。

5.2 桥涵结构的作用

5.2.2 参考《工程可靠性设计统一标准》(GB 50153—2008)的规定，可变作用采用四种代表值：标准值、组合值、频遇值和准永久值，其中标准值是作用的基本代表值，其他代表值可在标准值的基础上乘以相应的系数后确定。

5.2.3 作用标准值是按作用设计基准期内最大值的概率分布确定的具有较大保证率和较小超越概率的值，保证率的大小可根据作用的特点和以往的工程经验确定；对于公路行业特有的汽车荷载，由于这类荷载受经济、政策以及其他行业的影响，很难按照传统的概率统计方法给出适用的标准值，因此，本标准规定这类社会性的荷载需综合考虑后确定。根据"桥梁设计荷载与安全鉴定荷载的研究"项目成果，汽车荷载标准值的确定方法包括规范环比法、历史经验法、法律法规法和概率统计法，最终汽车荷载标准值需在上述四种方法综合分析的基础上制定，其中规范环比法可用于标准取值范围的确定，利用历史经验法明确标准确定的方法，概率统计法可了解现行标准的适应情况，最后结合法律法规、标准规范的协调衔接以及相关社会影响，来综合确定汽车荷载的标准值。当有两个或两个以上可变作用在结构上同时考虑时，由于所有可变作用同时达到其单独出现时可能达到的最大值的概率很小，因此结构按承载能力极限状态设计时，除主导作用需采用标准值作代表值外，其他伴随的作用采用主导作用出现时段内的最大值，即以小于其标准值的组合值来代表。

当结构按正常使用极限状态的要求进行设计时(例如要求控制结构的变形、局部损坏以及振动时)，要从不同的要求出发，来选择不同的作用代表值；目前规范提供的除标准值和组合值外，还有频遇值和准永久值。频遇值是代表某个约定条件下不被超越的作用水平(例如在设计基准期内被超越的总时间与设计基准期之比规定为某个较小的比率)，或被超越的频率限制在规定的频率内的作用水平。准永久值是代表作用在设计基准期内经常出现的水平，即其持久性部分，当对持久性部分无法定性时，也可以按频遇值定义，在设计基准期内被超越的总时间与设计基准期之比规定为某个较大的比率来确定。

一般近似认为永久作用(如恒荷载)在设计基准期内是不变的，它的代表值只有一个，即标准值。可变作用按其在随机过程中出现的持续时间或次数的不同，根据不同的设计状况和极限状态，取标准值、组合值、频遇值和准永久值作为代表值。

5.2.4 偶然作用是指在设计使用年限内不一定出现，而一旦出现其量值很大且持续时间很短的作用(如船撞作用)。近年我国发生了多起船舶撞击桥梁导致的桥梁垮塌事件，损失严重。所以，桥梁设计中需将这种偶然事件作为设计考虑的内容。

5.2.5 地震是地球内部板块活动、能量释放的结果。从古至今已有大量的文字和数据记录，结合这些资料和地质情况，通过地震危险性分析，确定得到不同地区地震强度的概率分布。《中国地震动参数区划图》(GB 18306—2015)给出了重现期475年不同地区地震的基本烈度和地面峰值加速度，该基本烈度和地面峰值加速度可作为桥梁抗震设计的基本参数。对于其他的抗震要求，如要求结构不垮塌，需采用其他重现期提出更高的地震强度标准。

5.2.8 根据荷载历程，采用雨流计数法或蓄水池法，结构疲劳作用可转换为表示荷载变程与循环次数关系的荷载频谱；也可将荷载频谱归并为单一的疲劳荷载模型。将疲劳荷载在结构、连接或构造细节的应力影响线上最不利加载，可获得疲劳关键部位的应力频谱，用于疲劳设计和计算。

5.3 隧道结构的作用

5.3.1 隧道为地下结构，其作用与周边环境条件密切相关，如地形条件、地质条件、地下水赋存状况、周边构筑物分布状况、施工工序与工艺等等，因此隧道结构的作用需根据所处建设条件综合确定。鉴于地下结构作用的不确定性，目前人们对地下结构的作用规律认识有限，特别是对条件复杂及结构形状特殊的隧道。对于地质复杂的隧道，建议通过专题研究确定隧道荷载作用的性质、大小及分布。

5.3.2 隧道结构的作用与桥涵结构类似，也分为永久作用、可变作用及偶然作用，不同之处是隧道一般是永久作用占主导地位，其比例在90%以上。围岩的松散土压力、围岩变形压力、水压力等一般也随时间变化，将其作为永久作用是考虑简化处理，在实际设计过程中需关注其时空效应；变化频繁的水压力、温度作用按可变作用考虑，直接作用在隧道结构上的汽车荷载也需按可变作用考虑；岩爆冲击、落石冲击等出现概率较低，按偶然作用考虑。

5.3.3 围岩松动压力及水压力为隧道结构的主要作用，为保证隧道支护结构的可靠度，要求其标准值的保证率达到95%；围岩变形压力在深埋软弱围岩地段较大，但是可通过合理的设计及施工工序予以降低，使其不成为真正的荷载，因此要求其标准值的保证率达到85%；围岩弹性抗力是对隧道结构安全稳定有利的一种作用，取值不宜太高，因此，其标准值的保证率达到50%即可。

5.3.4 作用于隧道结构之上的外水压力一般情况下按永久荷载考虑，但是对于地下水、洪水或潮汐引起的水压力，有时会出现较大范围的波动，以致实际水位比永久荷载取值(95%保证率)高出很多，此时高出部分可按可变作用考虑。对于山岭隧道，设计地下水压力与可能出现值相比差距非常大，如果按可能出现值进行设计将造成隧道支护费用大幅提高，此时也可仅针对可能出现的高水压力按偶然作用考虑，进行强度校核即可。

5.3.5 爆炸作用、岩爆冲击及落石冲击等偶然作用一般不会出现，一旦出现可能对结构设计影响较大。如爆炸荷载可以达到100kPa，岩石岩爆冲力可达到1 000kN以上，落石冲击荷载总量可达到上万千牛。为了保证结构在偶然荷载作用下的可靠性，需利用其设计值进行结构安全性验算，其值可根据分析计算或工程经验综合确定，也可根据有关标准的专门规定确定。

5.3.6 隧道对地震作用的抵抗能力较强，但是对于洞口浅埋地段、软弱围岩地段、断层破碎带、洞室形状或支护结构突变地段容易出现地震破坏。我国是地震多发国，地震对隧道的破坏要引起充分重视。地震作用按现行《公路工程抗震设计规范》(JTG B02)的规定取用。

5.5 环境作用

5.5.1 环境作用是指外界环境和结构内部环境对结构材料性能或结构整体性能的作用效应。环境影响可以具有机械的、物理的、化学的或生物的性质，并且有可能使结构的材料性能随时间发生不同程度的退化，向不利方向发展，从而影响结构的安全性和适用性。

对于混凝土桥梁，环境作用包括混凝土碳化、海洋环境氯离子或除冰盐引起的钢筋腐蚀，北方地区混凝土冻融，泥沙对桥墩的冲刷和磨蚀等；对于隧道，环境作用包括混凝土碳化、汽车尾气对混凝土的影响、硫酸盐侵蚀、越海或越江隧道氯离子的侵蚀等；对于路面，环境作用包括车辆对路面的磨损、冻融、路面下水的作用等。

环境作用的形式是不同的，所以需根据环境的作用机理对结构进行防护。

5.5.2 环境作用对结构的效应主要是针对材料性能的降低，它是与材料本身有密切关系的，在多数情况下涉及化学和生物的损害。现行设计规范考虑环境作用的一种做法是根据结构所处的环境条件和材料特点直接加以规定，如对于腐蚀环境中的钢筋混凝土结构，规定混凝土的最小等级、最小水灰(胶)比和最小混凝土保护层厚度等。虽然这些规定主要是根据经验做出的，第 5.5 节也没有做出太多的规定，但环境作用的研究和未来考虑环境作用的设计正向着定量方法发展，如对海洋环境中的钢筋混凝土结构，已经提出了多个预测氯离子扩散和钢筋锈蚀的模型，一些耐久性标准或规范也开始使用这些模型，欧洲的 Eurocode 还提出了基于可靠度理论的实用设计表达式的耐久性设计方法。

提高结构抗环境作用能力最好的方法是使结构具有"天生"的抵抗能力，这是效果最好且最为经济的方法。对于常用的混凝土结构，基本措施包括优选结构材料、采用较小的水灰比、掺加掺合料、增大混凝土保护层厚度；附加措施包括使用涂层钢筋、阴极保护、电化学除氯等。其他结构也各有不同的基本措施和附加措施。

6 材料和岩土的性能及结构的几何参量

6.1 材料和岩土的性能

6.1.2 材料性能实际上是随时间变化的,如混凝土、路面材料、土工合成材料的强度等,但为了简化起见,各种材料性能仍作为与时间无关的随机变量来考虑,而性能随时间的变化一般通过引进换算系数来估计。

6.1.3 用材料的标准试件试验所得的材料性能f_{spe},一般说来,不等同于结构中实际的材料性能f_{str},有时两者可能有较大的差别。例如,材料试件的加荷速度远超过实际结构的受荷速度,致使试件的材料强度较实际结构中偏高;试件的尺寸远小于结构的尺寸,致使试件的材料强度受到尺寸效应的影响而与结构中不同;如混凝土等材料,其标准试件的成型与养护与实际结构并不完全相同,有时甚至相差很大,以致两者的材料性能有所差别。所有这些因素一般习惯于采用换算系数或函数K_0来考虑,从而结构中实际的材料性能与标准试件材料性能的关系可以用式(6-1)表示:

$$f_{str} = K_0 f_{spe} \tag{6-1}$$

式中:f_{str}——结构中实际的材料性能;
K_0——换算系数或函数;
f_{spe}——标准试件试验所得的材料性能。

由于结构所处的状态具有变异性,因此换算系数或函数K_0也是随机变量。

6.1.4 现有的调研分析结果表明,公路工程结构中材料强度的概率分布基本上都不拒绝正态分布或者对数正态分布。

材料强度标准值一般取概率分布的低分位值,对公路桥隧等结构材料强度标准值国际上一般取0.05分位值,此时,当材料强度按正态分布时,标准值为:

$$f_k = \mu_f - 1.645\sigma_f \tag{6-2}$$

当按对数正态分布时,标准值近似为:

$$f_k = \mu_f \exp(-1.645\delta_f) \tag{6-3}$$

式中:f_k——材料强度标准值;

μ_f——材料强度平均值；

σ_f——材料强度标准差；

δ_f——材料强度变异系数。

当材料强度增加对结构性能不利时，必要时可以取高分位值。

6.1.5 公路工程中岩土各性能指标以及地基和桩的承载力等，首先要尽最大可能通过原位测试、室内试验等直接方法确定。当采用直接方法确定有困难时，才选择间接方法确定。

6.1.6 调研分析结果表明：岩土的物理与变形参数(如含水率 w、孔隙比 e、重度 γ、压缩指数 C_c、固结系数 C_v 等)，以及强度指标(如土的不排水抗剪强度 c_u、黏聚力 c、内摩擦角 φ 的正切值 $\tan\varphi$、单轴抗压强度等)基本上都服从正态分布或者对数正态分布。因此，公路工程中岩土性能的概率分布也可以采用正态分布或对数正态分布形式。

岩土性能参数的标准值当有可能采用可靠性估值时，可以根据区间估计理论确定，单侧置信界限值由式 $f_k = \mu_f \left(1 \pm \dfrac{t_\alpha}{\sqrt{n}} \delta_f \right)$ 求得，式中 t_α 为学生氏函数，按置信度 $1-\alpha$ 和样本容量 n 确定。

岩土材料性能参数的取值：当作为荷载计算参数时，可以取其概率分布的 0.5 分位值，当作为强度计算参数时取其概率分布的 0.05 分位值，这一点在岩土勘察中要重视。

6.2 结构的几何参量

6.2.1 结构的某些几何参量，例如桥跨、墩高等，其变异性一般对结构抗力的影响很小，设计时可以按确定量考虑。

7 结构分析与试验辅助设计

7.1 一般规定

7.1.1~7.1.3 结构分析一般用数值计算完成,特别重大或构造特殊的结构,必要时配以局部或整体的结构试验。结构的作用效应是指在作用影响下的结构反应,包括构件截面内力(如轴力、剪力、弯矩、扭矩)、变形和裂缝。环境对材料、构件和结构的性能会产生影响,如高温对钢结构性能的影响等,通常在结构分析中考虑。

7.2 结构分析模型

7.2.1 建立结构分析模型一般都要对结构原型进行适当简化,考虑决定性因素,忽略次要因素,并合理考虑构件及其连接,以及构件与基础间的荷载-变形关系。

桥梁结构有杆系结构模型等;隧道结构有地层结构模型和荷载结构模型,根据施工方法的不同有矿山法、盾构法、沉管法、顶管法和明挖法等结构模型;水泥混凝土路面结构分析可采用弹性地基板模型,沥青路面结构分析可采用弹性层状模型。

7.2.3 结构分析模型描述各有关变量之间在物理上或经验上的关系。这些变量一般是随机变量。计算模型一般可表达为:

$$Y = f(X_1, X_2, \cdots, X_n) \tag{7-1}$$

式中: Y——模型预测值;

$f(\cdot)$——模型函数;

$X_i(i=1, 2, \cdots, n)$——变量。

如果模型函数 $f(\cdot)$ 是完整、准确的,变量 $X_i(i=1, 2, \cdots, n)$ 值在特定的试验中经量测已知,则结果 Y 可以预测无误;但多数情况下模型并不完整,这可能因为缺乏有关知识,或者为设计方便而过多简化造成的。模型预测值的试验结果 y' 可以写成如下:

$$y' = f'(X_1, X_2, \cdots, X_n; \theta_1, \theta_2, \cdots, \theta_n) \tag{7-2}$$

式中 $\theta_i(i=1, 2, \cdots, n)$ 为反映模型不确定性的参数,按随机变量处理,多数情况

7.3 作用分析模型

7.3.1 在多数情况中，结构动态反应是由作用的大小、位置或方向的急剧变化所引起的。结构构件的刚度或抗力的突然改变，也可能产生动态效应。当动态性能起控制作用时，需要比较详细的过程描述。动态作用的描述可以以时间为主或以频率为主给出，依方便而定。为描述作用在时间变化历程中的各种不定性，可将作用描述为一个具有选定随机参数的时间非随机函数，或作为一个分段平稳的随机过程。

7.4 分析方法

7.4.1、7.4.2 对于公路桥梁结构，无论是承载能力极限状态设计还是正常使用极限状态设计，结构受力分析目前一般还是采用线性理论，假定结构完全处于弹性阶段，不考虑结构和材料的非线性因素。但对于某些特大跨径的桥梁或者极限状态下结构的变形影响不能被忽略时，需采用非线性理论进行结构分析。塑性理论可适用于承载能力极限状态设计，黏弹性理论则通常用于路面结构分析。

7.4.3 结构动力分析主要涉及结构的刚度、惯性力和阻尼。动力分析所采用的刚度与静力分析在原则上一致。尽管重复作用可能产生刚度的退化，但由于动力影响，也可能引起刚度增大。惯性力是由结构质量、非结构质量和周围流体、空气和土壤等附加质量的加速度引起的。阻尼由许多不同因素产生，其中主要因素有：
（1）材料阻尼，例如源于材料的弹性特性或塑性特性。
（2）连接中的摩擦阻尼。
（3）非结构构件引起的阻尼。
（4）几何阻尼。
（5）土壤材料阻尼。
（6）空气动力和流体动力阻尼。

在一些特殊情况下，某些阻尼项可能是负值，导致从环境到结构的能量流动。例如疾驰、颤动和在某些程度上的旋涡所引起的反应。对于强烈地震时的动力反应，一般需要考虑循环能量衰减和滞回能量消失。

7.4.5 在许多情况下，结构变形会引起几何参量名义值产生显著变异。一般称这种变形效应为几何非线性或二阶效应。如果这种变形对结构性能有重要影响，原则上要与结构的几何不完整性一样在设计中加以考虑。

7.5 试验辅助设计

7.5.1、7.5.2 试验辅助设计(简称"试验设计")是确定结构和构件抗力、材料性能、岩土性能以及结构作用和作用效应计算值的方法。该方法以试验数据的统计评估为依据，与概率设计和分项系数设计概念相一致。在下列情况下可采用试验辅助设计：

(1) 规范没有规定或超出规范适用范围的情况。
(2) 计算参数不能确切反映工程实际的特定情况。
(3) 现有设计方法可能导致不安全或设计结果过于保守的情况。
(4) 新型结构(或构件)、新材料的应用或新设计公式的建立。
(5) 规范规定的特定情况。

对于新技术、新材料等，在工程应用中要特别慎重，可能还有其他相关政策和规范要求，也要遵守。

如近几年出现的钢管混凝土结构，就在试验的基础上建立了"统一理论"；而复合材料桥梁结构、钢-混凝土组合结构、钢波纹腹板箱梁、涵洞等新结构，就需要用试验辅助设计，甚至包括一些试验性的实桥。

8 分项系数设计方法

8.1 一般规定

8.1.1 以可靠性理论为基础的极限状态设计一般有两种表达模式。一种是采用带有分项系数的极限状态设计表达式，式中的设计基本变量通过概率分析取其代表值，而以分项系数来反映它们的变异性，公路桥梁和隧道均可采用这一表达模式；另一种是直接利用可靠度计算的基本公式，给出目标可靠指标和设计基本变量的统计参数或其他综合设计参数，而这些指标和参数也是用概率方法分析或计算得到的，水泥混凝土路面即是采用单一的可靠度系数表达。这两种设计模式具有相同的本质，只是按照结构各自的设计要求和习惯而采用不同的表达模式。

极限状态设计表达式与极限状态方程有不同的含义。前者供设计计算应用，式中的设计参数都是统计分析值，为定值。而后者所包含的设计基本变量都是随机变量，具有一定的统计特性。目前的结构概率极限状态设计方法均不引用极限状态方程，避免设计时进行基本变量复杂的概率运算。

8.1.2 公路工程结构的承载能力极限状态设计一般以分项系数或可靠度系数表达式进行，这些系数都是根据功能函数中基本变量的统计特征及规定的目标可靠指标，经计算优化后确定的，实际计算过程中除了进行计算外，更多的还要结合工程经验综合确定。

考虑到对各类工程结构所具有的统计数据在质与量两个方面都有很大差异，在某些领域根本没有统计数据，因而规定当缺乏统计数据时，可以直接按工程经验确定分项系数。

8.1.4 不同安全等级的结构有其不同的目标可靠指标，对于以分项系数模式表达的极限状态设计，不同安全等级在计算上是以表达式中的结构重要性系数 γ_0 来体现的。例如，公路桥梁结构的安全等级分为一级、二级和三级。二级结构的目标可靠指标按原规范隐含的可靠度，经"校准"并结合工程经验确定，所以其结构重要性系数可取为 $\gamma_0 = 1.0$。一级结构和三级结构的目标可靠指标在二级结构的基础上增大或减小一级，它们的结构重要性系数取值由极限状态设计表达式的可靠度分析确定。

路面结构的安全等级按公路的技术等级划分，不同安全等级的影响已融入可靠度系数或其他设计参数中，不再在设计表达式中另作描述。

8.2 承载能力极限状态

8.2.2 公路路面工程结构包括水泥混凝土路面和沥青路面，其承载能力极限状态可表述为在设计年限内，在所在地环境条件和行车荷载作用下：

（1）水泥混凝土路面的面层板不发生结构疲劳和一次性断裂损坏；贫混凝土、碾压混凝土基层不发生结构疲劳开裂损坏；

（2）刚性、半刚性基层沥青路面的刚性、半刚性基层不发生结构疲劳开裂损坏；

（3）粒料基层沥青路面的沥青面层不发生疲劳开裂损坏，路基不发生过量塑性变形损坏。

8.2.4 本条列出了公路桥隧结构承载能力极限状态设计有关作用组合的设计表达式。作用组合的原则是：首先把永久作用与主导可变作用（公路桥涵一般为汽车作用）组合；然后再与其他伴随可变作用组合，在其他伴随可变作用组合前面乘以组合值系数。这样的组合原则可使不同组合下结构的可靠指标与目标可靠指标趋于一致。需要指出，结构可靠指标和永久作用与可变作用的比值有关，为了使运算不过于复杂化，在计算可靠指标时，采用了永久作用（结构自重）与主导可变作用（汽车作用）的最简单组合，通过一系列运算后判断确定了目标可靠指标。所以，本标准给出的可靠指标是在最简单基本组合下给出的。当多个可变作用参与组合时，将影响原先确定的可靠指标值，因而需要引入组合值系数，对参与组合的可变作用标准值进行折减，这样所得的最终作用组合表达式，可使原定可靠指标保持不变。

当结构的设计使用年限与设计基准期不同时，要对可变作用的标准值进行调整，这是因为可变作用的标准值是根据设计基准期确定的。公路桥梁的设计基准期为100年，即桥梁结构上的各种可变作用的标准值取其100年一遇的最大值分布上的"某一分位值"，对设计使用年限为50年的结构，要保证结构在50年时具有设计要求的可靠度水平，理论上要求结构上的各种可变作用需采用50年一遇的最大值分布上的相同分位值作为可变作用的"标准值"，但这种做法对同一种可变作用会随设计使用年限的不同而有多种"标准值"，不便于荷载规范表达和设计人员使用，为此，引入了结构设计使用年限的荷载调整系数γ_L，以设计使用年限50年为例，γ_L的含义是在可变作用50年一遇的最大值分布上，与该可变作用100年一遇的最大值分布上标准值的相同分位值的比值，其他年限可类推，可变荷载设计使用年限荷载调整系数可按照其定义推导确定。

8.2.5 诸如船舶撞击、汽车撞击等偶然作用，在偶然组合中作为主导作用。由于偶然作用出现的概率很小，持续的时间很短，所以不能有两个偶然作用同时参与组合。组合中除永久作用（一般不考虑混凝土收缩及徐变作用）和偶然作用外，根据具体情况还可以采用其他可变作用代表值，当缺乏观测调查资料时，可以取用可变作用频遇值或准永久值。

8.3 正常使用极限状态

8.3.1 对承载能力极限状态，安全与失效之间的分界线是清晰的，如钢材的屈服、混凝土的压坏、结构的倾覆、地基的滑移，都是清晰的物理现象。对正常使用极限状态，能正常使用与不能正常使用之间的分界线是模糊的，难以找到清晰的物理现象，区分正常与不正常，在很大程度上依靠工程经验确定。

附录 A 作用代表值的确定方法

A.1 永久作用的标准值

A.1.2 一般情况下，结构自重的变异性不大，即使取用其概率分布的某一分位值，与平均值相差也不会很大，所以标准值可直接按结构设计图纸规定的尺寸和材料的平均重量密度进行计算。而对某些自重变异性较大的结构，则根据其增加对结构的影响是不利的还是有利的，分别采用高分位值和低分位值作为标准值。对自重变异性影响非常敏感的结构，如某些类型的预应力混凝土结构，变异性很小也会使结构产生的效应明显不同，所以要采用两个标准值。

对正常使用极限状态设计，当预应力起有利作用时，采用低分位值，如抗裂验算或验算变形时；当预应力起不利作用时，采用高分位值，如反拱验算时。对承载能力极限状态，采用平均值，如局部承压验算。

因施工方式、材料收缩或膨胀引起的外加变形难以进行统计分析，所以根据工程经验采用指定值。

A.2 可变作用的标准值

A.2.2 公路桥涵结构的设计基准期为100年，与现行公路行业标准的规定是一致。桥梁上的可变作用是随时间变化的，所以它的统计分析要用随机过程概率模型来描述。随机过程所选择的时间域即为基准期。在承载能力极限状态可靠性分析中，由于采用了以随机变量概率模型表达的一次二阶矩法，可变荷载的统计特征是以设计基准期内出现的荷载最大值的随机变量来代替随机过程进行统计分析。《公路工程结构可靠度设计统一标准》(GB/T 50283—1999)确定公路桥涵结构的设计基准期为100年，是因为公路桥涵的主要可变荷载汽车、人群等，按其设计基准期内最大值分布的分位值所取标准值，与原规范的规定值相近，且这一取值与国外相关规范的取值相差不大。这样，就可避免公路桥涵在荷载取值上过大变动，保持结构设计的连续性。

路面结构设计基准期主要用于确定路面结构设计中的环境条件(如温度、温度梯度)的标准值。

A.2.4 对可进行统计分析的可变作用，按其设计基准期内最大值概率分布的某一分位值确定标准值是一种常用的方法，国际标准《结构可靠性总原则》(ISO 2394：1998)

和欧洲规范《结构设计基础》(FN 1990：2002)也采用这种方法。

A.3 可变作用的组合值

A.3.1 由于可变作用的形式复杂多样，用严格的随机过程模型描述可变作用也比较困难。所以确定可变作用的组合值是一个非常复杂的问题。本附录确定组合系数或组合值的方法是以实用的塔克斯特拉(Turkstra)组合规则为基础的，本条给出了应用塔克斯特拉(Turkstra)组合规则的条件。

A.3.2~A.3.4 确定了结构或构件设计表达式中组合值或组合值系数的优化方法和设计值方法。目前的设计表达式中的组合值或组合值系数一般是采用优化方法确定的。对于不同的结构或构件，可能有所差别，可根据具体情况适当调整。

A.4 可变作用的频遇值

A.4.1 超越频遇值 Q_x 的总持续时间与设计基准期的比值 $\eta_x = \sum t_i/T$ 反映了可变作用超越该值的频繁程度，频遇值大时，则 η_x 小；频遇值小时，则 η_x 大。当可变作用任意时点值的概率分布 $F_Q(x)$ 已知时，超越 Q_x 的概率为：

$$p_x = 1 - F_Q(Q_x) \tag{A-1}$$

对于各态历经过程，随机过程样本函数按时间的平均等于随机过程的统计平均，从而有：

$$\eta_x = p_x q \tag{A-2}$$

这样即得到式(A.4.1-2)。

在随机过程理论中，单位时间内超越某一水平的平均频数为跨阈率。用跨阈率确定可变作用的频遇值更能反映跨越 Q_x 的频繁程度。式(A.4.1-3)是根据高斯平稳各态历经随机过程理论确定的，只适用于是高斯平稳各态历经过程的可变作用。

A.5 可变作用的准永久值

A.5.1 可变作用的准永久值是在结构正常使用极限状态的分析中，将可变作用"折合"为永久作用的值。一种方法是以平均值为基准，按照"大值"与"小值"互补的原则进行"折合"，所以可用平均值作为准永久值。另一种方法是将超越的总持续时间约为设计基准期一半的值作为准永久值。

附录C 分项系数确定方法

C.1 一般规定

C.1.1 从概念上讲，结构的设计方法分为确定性方法和概率方法，如图C-1所示。在确定性方法中，设计中的变量按定值看待，安全系数完全凭经验确定，属于早期的设计方法。概率方法分为全概率方法和一次可靠度方法（FORM）。全概率方法使用随机过程模型及更准确的概率计算方法，从原理上讲，可给出可靠度的准确结果，但因为经常缺乏统计数据及数值计算上的困难，设计规范的校准很少使用全概率方法。一次可靠度方法使用随机变量模型和近似的概率计算方法，与当前的数据收集情况及计算手段是相适应的，所以，目前国内外设计规范的校准基本都采用一次可靠度方法。

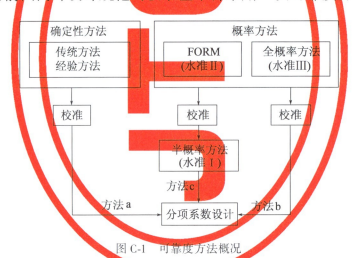

图C-1 可靠度方法概况

本标准附录C说明了结构可靠度校准、直接用可靠指标进行设计的方法，以及用可靠度确定设计表达中分项系数和组合系数的方法。由于可靠度理论在结构设计中应用的时间还不够长，积累的经验还不多，加上收集的数据有限，按本标准附录C的方法确定分项系数或直接采用可靠指标方法进行设计时，除需进行分析和计算外，还需根据工程经验对分析结果进行判断，必要时进行调整。

本标准附录C只适用于一般的桥梁结构，不包括特斜拉桥和悬索桥等结构。

C.1.2 结构一般情况下会受到两个及两个以上可变作用的作用，如果这些作用不是完全相关，则同时达到最大值的概率很小，按其（设计）基准期内的最大值随机变量进行可靠度分析或设计是不合理的，需要进行作用效应组合。结构作用组合是一个比较复杂的问题，完全用数学方法解决很困难，所以目前国际上通用的是各种实用组合方法，工程上常用的是简便的组合规则。本标准附录 C 推荐使用塔克斯特拉(Turkstra)组合规则。该组合规则概念清楚、简便，在国内外都得到了广泛的应用。

C.2 可靠指标计算

C.2.1 可靠度的计算方法有多种，如一次可靠度方法(FORM)、二次可靠度方法(SORM)、蒙特卡洛模拟(Monte-Carlo Simulation)方法等。本条推荐采用国内外标准普遍采用的一次二阶矩方法，对于一些比较特殊的情况，也可以采用其他方法，如计算精度要求较高时，可采用二次二阶矩方法，极限状态方程比较复杂时可采用蒙特卡洛方法等。

C.2.2 由简单到复杂，本条给出了三种情况的可靠指标计算方法。第一种情况用于说明可靠指标的概念，第二种是变量独立情况下可靠指标的一般计算公式，第三种是变量相关情况下可靠指标的一般计算公式，是对独立随机变量一次二阶矩方法进行推广的基础上提出来的，与独立变量一次二阶矩方法的迭代计算步骤没有区别。迭代计算可靠指标的方法很多，下面是本标准附录 C 建议的迭代计算步骤：

(1) 假定变量 X_1, X_2, $\cdots$, X_n 的验算点初值 $x_i^{*(0)}$ ($i=1, 2, \cdots, n$)[一般可取 μ_{X_i} ($i=1, 2, \cdots, n$)]；

(2) 取 $x_i^* = x_i^{*(0)}$ ($i=1, 2, \cdots, n$)，由式(C.2.2-6)、式(C.2.2-5)计算 $\sigma_{X_i'}$、$\mu_{X_i'}$ ($i=1, 2, \cdots, n$)；

(3) 由式(C.2.2-2)计算 β；

(4) 由式(C.2.2-3)计算 $\alpha_{X_i'}$ ($i=1, 2, \cdots, n$)；

(5) 由式(C.2.2-4)计算 x_i^* ($i=1, 2, \cdots, n$)；

(6) 如果 $\sqrt{\sum_{i=1}^{n}(x_i^* - x_i^{*(0)})^2} \leq \varepsilon$，其中 ε 为规定的误差，则本次计算的 β 即为要求的可靠指标，停止计算；否则取 $x_i^{*(0)} = x_i^*$ ($i=1, 2, \cdots, n$)转(2)重新计算。

在按上述方法迭代计算可靠指标时，需要使用当量正态化变量 X_i' 与 X_j' 的相关系数 $\rho_{X_i'X_j'}$，本标准附录 C 建议取其原始变量 X_i 与 X_j 的相关系数 $\rho_{X_iX_j}$。这是因为当随机变量 X_i 与 X_j 的变异系数不是很大时(小于 0.3)，$\rho_{X_i'X_j'}$ 与 $\rho_{X_iX_j}$ 相差不大。例如，如果 X_i 服从正态分布或 X_j 服从正态分布，则有：

$$\rho_{X_i, \ln X_j} = \frac{\rho_{X_iX_j}\delta_{X_j}}{\sqrt{\ln(1+\delta_{X_j}^2)}} \tag{C-1}$$

如果 X_i 和 X_j 同时服从正态分布，则有：

$$\rho_{\ln X_i, \ln X_j} = \frac{\ln(1+\rho_{X_iX_j}\delta_{X_i}\delta_{X_j})}{\sqrt{\ln(1+\delta_{X_i}^2)\ln(1+\delta_{X_j}^2)}} \tag{C-2}$$

如果 $\delta_{X_1} \leq 0.3$，$\delta_{X_2} \leq 0.3$，则有：

$$\sqrt{\ln(1+\delta_{X_i}^2)} \approx \delta_{X_i},\ \sqrt{\ln(1+\delta_{X_j}^2)} \approx \delta_{X_j},\ \ln(1+\rho_{X_iX_j}\delta_{X_i}\delta_{X_j}) \approx \rho_{X_iX_j}\delta_{X_i}\delta_{X_j}$$

从而：$\rho_{X_i,\ln X_j} \cdot \rho_{X_iX_j}$，$\rho_{\ln X_i,\ln X_j} \cdot \rho_{X_iX_j}$。

当随机变量 X_i 与 X_j 服从其他分布时，通过 Nataf 分布可以求得 $\rho_{X'_iX'_j}$ 与 $\rho_{X_iX_j}$ 的近似关系，丹麦学者 Ove Ditlevsen 和挪威学者 HenRik O. Madsen 的著作 *Structural Reliability Methods* 列表给出了 X_i 与 X_j 不同分布时 $\rho_{X'_iX'_j}$ 与 $\rho_{X_iX_j}$ 比值的关系。当 X_i 与 X_j 的变异系数不超过 0.5 时，可靠指标计算中 $\rho_{X'_iX'_j}$ 取 $\rho_{X_iX_j}$ 是可以的。

另外，在一次二阶矩理论中，对可靠指标影响最大的是平均值，其次是方差，再次才是协方差，所以将 $\rho_{X'_iX'_j}$ 取为 $\rho_{X_iX_j}$ 对计算结果影响不大，没有必要求 $\rho_{X'_iX'_j}$ 的准确值。

C.3 可靠度校准

C.3.1 可采用可靠度方法计算和校准各种形式结构的可靠度，但由于结构形式的不同，极限状态表达式或变量范围的不同，校准的方法可能会有差异。目前可靠度理论在杆系结构中的应用比较多，经验也相对成熟。所以本节方法主要是针对杆件结构或构件的，其他类型的结构可以参照本节的方法进行可靠度校准。

C.3.2 结构可靠度校准的目的是分析现行结构设计方法的可靠度水平和确定结构设计的目标可靠指标，以保证结构的安全可靠和经济合理。校准法的基本思想是利用可靠度理论，计算按现行设计规范设计的结构的可靠指标，进而确定今后结构设计的可靠度水平。这实际上是承认按现行设计规范设计的结构的平均可靠水平是合理的。随着国家经济的发展，有必要对结构的可靠度进行调整，但也要以可靠度校准为依据。所以结构可靠度校准是结构可靠度设计的基础。

C.3.4 目标可靠指标是结构可靠性设计的最低可靠指标，反映着一个国家的经济水平和技术政策，是国家意志的体现。所以，确定结构的目标可靠指标不是一个单纯的技术问题。理论上，目前确定结构目标可靠指标的方法有三种，即经济优化法、风险对比法和校准法。如图 C-2 所示，结构的建造费用随可靠指标的提高而增大；相反，结构倒塌造成的损失期望值随可靠指标的提高而降低，因此结构的总费用存在一个最小值，经济优化法就是将该最小值对应的可靠指标作为结构目标可靠指标。经济优化法的概念非常直观，但实施起来比较困难，主要是结构倒塌损失的费用难以计量，特别是结构倒塌造成的间接损失。

按照结构可靠度理论，结构并不是绝对安全的。所谓安全只是结构倒塌概率小到人们可以接受的程度。而人们接受风险的程度取决于一个国家的经济发展水平、技术发展水平、宗教和习惯、对生活中和工作中其他各种风险的接受程度等多个方面的因素。风险对比法就是在对这些因素进行综合分析和对比后确定目标可靠指标的。

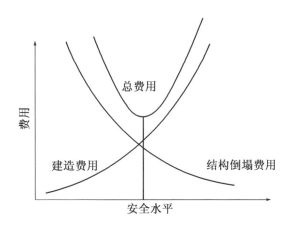

图 C-2　结构安全水平与费用的关系

校准法是目前世界各国采用的确定结构目标可靠指标的方法。该方法认为按已有结构设计方法(非可靠度方法)设计的结构的可靠度水平是合适的,通过对结构进行可靠度校准,得到按已有设计方法设计的结构的可靠度总体水平,在此基础上经综合分析判断确定结构目标可靠指标。校准法的优点是继承了已有设计方法的可靠度水平,必要时需要考虑国家的经济发展和国家意志,经综合考虑进行调整后确定目标可靠指标。

C.4　分项系数确定

C.4.1　同可靠度校准一样,但由于结构形式的不同,极限状态表达式或变量范围的不同,校准的方法可能会有差异。目前可靠度理论在杆系结构中的应用比较多,经验也相对成熟。所以本节方法主要是针对杆件结构或构件的,其他类型的结构可以参照本节的方法确定分项系数。

C.4.2　本条规定了确定结构或构件设计表达式中分项系数的原则。

C.4.3　本条提供了两种确定结构或构件设计表达式中分项系数的方法。第一种是优化方法,其基本思想是先假定分项系数的值,然后对按设计表达式设计的结构或构件进行可靠度分析,通过分项系数的调整,使不同情况(如不同受力形式的构件、不同可变作用与永久作用标准值比值的情况等)的可靠指标与目标可靠指标总体上最为接近。这种方法的优点是可以得到一组符合本标准 C.4.2 条原则的分项系数,但不能直接表示出分项系数与目标可靠指标的关系。

验算点是采用一次二阶矩方法进行结构可靠度分析在设计变量构成的空间中得到的点。研究表明该点是空间中失效概率最大的一点,所以设计中将设计值取为该点坐标值代表了设计中的最不利情况。设计值方法就是以这一概念为基础提出的。设计值方法的优点是各分项系数直接用目标可靠指标表示,直观反映了结构或构件的可靠度。理论上讲,各变量的敏感系数为[-1,1]之间的值且平方和为1,与随机变量的概率分布类型、统计参数、目标可靠指标及可变作用与永久作用标准值的比值等多种条件有关,并不是常数，但在设计中不能按一个变化的值取用，要规定该系数的值。国际标准《结构可靠性总原则》(ISO 2394：1998)和欧洲规范《结构设计基础》(EN 1990：2002)建议主导可变作用取 $\alpha_{Q_1}=0.7$，非主导可变作用取 $\alpha_{Q_i}=0.7\times0.4=0.28$，抗力取 $\alpha_R=-0.8$。

采用优化方法和设计方法确定的分项系数大体是相近的，这里指的相近是同一种方法确定的各分项系数的比例相近(包括抗力分项系数)。因为从分项系数表达式的形式可知，设计结果取决于各分项系数的比例，比例相同时，设计结果是相同的。

公路工程现行标准规范一览表

(2020年5月)

序号	类别	编　　号	书名(书号)	定价(元)
1	基础	JTG 1001—2017	公路工程标准体系(14300)	20.00
2		JTG A02—2013	公路工程行业标准制修订管理导则(10544)	15.00
3		JTG A04—2013	公路工程标准编写导则(10538)	20.00
4		JTG B01—2014	公路工程技术标准(活页夹版,11814)	98.00
5		JTG B01—2014	公路工程技术标准(平装版,11829)	68.00
6		JTG 2111—2019	小交通量农村公路工程技术标准(15372)	50.00
7		JTG 2120—2020	公路工程结构可靠性设计统一标准(16532)	50.00
8		JTG B02—2013	公路工程抗震规范(11120)	45.00
9		JTG/T B02-01—2008	公路桥梁抗震设计细则(13318)	45.00
10		JTG 2232—2019	公路隧道抗震设计规范(16131)	60.00
11		JTG B03—2006	公路建设项目环境影响评价规范(13373)	40.00
12		JTG B04—2010	公路环境保护设计规范(08473)	28.00
13		JTG B05—2015	公路项目安全性评价规范(12806)	45.00
14		JTG B05-01—2013	公路护栏安全性能评价标准(10992)	30.00
15		JTG/T 2340—2020	公路工程节能规范(16115)	30.00
16		JTG/T 3310—2019	公路工程混凝土结构耐久性设计规范(15635)	50.00
17		JTG/T 6303.1—2017	收费公路移动支付技术规范　第一册　停车移动支付(14380)	20.00
18		JTG B10-01—2014	公路电子不停车收费联网运营和服务规范(11566)	30.00
19	勘测	JTG C10—2007	公路勘测规范(06570)	40.00
20		JTG/T C10—2007	公路勘测细则(06572)	42.00
21		JTG C20—2011	公路工程地质勘察规范(09507)	65.00
22		JTG/T C21-01—2005	公路工程地质遥感勘察规范(0839)	17.00
23		JTG/T C21-02—2014	公路工程卫星图像测绘技术规程(11540)	25.00
24		JTG/T C22—2009	公路工程物探规程(1311)	28.00
25		JTG C30—2015	公路工程水文勘测设计规范(12063)	70.00
26	设计	公路	JTG D20—2017	公路路线设计规范(14301)	80.00
27			JTG/T D21—2014	公路立体交叉设计细则(11761)	60.00
28			JTG D30—2015	公路路基设计规范(12147)	98.00
29			JTG/T D31—2008	沙漠地区公路设计与施工指南(1206)	32.00
30			JTG/T D31-02—2013	公路软土地基路堤设计与施工技术细则(10449)	40.00
31			JTG/T D31-03—2011	采空区公路设计与施工技术细则(09181)	40.00
32			JTG/T D31-04—2012	多年冻土地区公路设计与施工技术细则(10260)	40.00
33			JTG/T D31-05—2017	黄土地区公路路基设计与施工技术规范(13994)	50.00
34			JTG/T D31-06—2017	季节性冻土地区公路设计与施工技术规范(13981)	45.00
35			JTG/T D32—2012	公路土工合成材料应用技术规范(09908)	50.00
36			JTG/T 3334—2018	公路滑坡防治设计规范(15178)	55.00
37			JTG D40—2011	公路水泥混凝土路面设计规范(09463)	40.00
38			JTG D50—2017	公路沥青路面设计规范(13760)	50.00
39			JTG/T D33—2012	公路排水设计规范(10337)	40.00
40		桥隧	JTG D60—2015	公路桥涵设计通用规范(12506)	40.00
41			JTG/T 3360-01—2018	公路桥梁抗风设计规范(15231)	75.00
42			JTG/T 3360-02—2020	公路桥梁抗撞设计规范(16435)	40.00
43			JTG/T 3360-03—2018	公路桥梁景观设计规范(14540)	40.00
44			JTG D61—2005	公路圬工桥涵设计规范(13355)	30.00
45			JTG 3362—2018	公路钢筋混凝土及预应力混凝土桥涵设计规范(14951)	90.00
46			JTG 3363—2019	公路桥涵地基与基础设计规范(16223)	90.00
47			JTG D64—2015	公路钢结构桥梁设计规范(12507)	80.00
48			JTG D64-01—2015	公路钢混组合桥梁设计与施工规范(12682)	45.00
49			JTG/T 3364-02—2019	公路钢桥面铺装设计与施工技术规范(15637)	50.00
50			JTG/T 3365-01—2020	公路斜拉桥设计规范(16365)	50.00
51			JTG/T D65-04—2007	公路涵洞设计细则(06628)	26.00
52			JTG/T D65-05—2015	公路悬索桥设计规范(12674)	55.00
53			JTG/T D65-06—2015	公路钢管混凝土拱桥设计规范(12514)	40.00
54			JTG 3370.1—2018	公路隧道设计规范　第一册　土建工程(14639)	110.00
55			JTG/T D70—2010	公路隧道设计细则(08478)	66.00
56			JTG D70/2—2014	公路隧道设计规范　第二册　交通工程与附属设施(11543)	50.00
57			JTG/T D70/2-01—2014	公路隧道照明设计细则(11541)	35.00
58			JTG/T D70/2-02—2014	公路隧道通风设计细则(11546)	70.00
59			JTG/T 3374—2020	公路瓦斯隧道设计与施工技术规范(16141)	60.00
60		交通工程	JTG D80—2006	高速公路交通工程及沿线设施设计通用规范(0998)	25.00
61			JTG D81—2017	公路交通安全设施设计规范(14395)	60.00

续上表

序号	类别		编号	书名（书号）	定价（元）
62	设计	交通工程	JTG/T D81—2017	公路交通安全设施设计细则（14396）	90.00
63			JTG D82—2009	公路交通标志和标线设置规范（07947）	116.00
64		综合	交办公路〔2017〕167号	国家公路网交通标志调整工作技术指南（14379）	80.00
65			交公路发〔2007〕358号	公路工程基本建设项目设计文件编制办法（06746）	26.00
66			交公路发〔2015〕69号	公路工程特殊结构桥梁项目设计文件编制办法（12455）	30.00
67	检测		JTG E20—2011	公路工程沥青及沥青混合料试验规程（09468）	106.00
68			JTG E30—2005	公路工程水泥及水泥混凝土试验规程（13319）	55.00
69			JTG E40—2007	公路土工试验规程（06794）	90.00
70			JTG E41—2005	公路工程岩石试验规程（13351）	30.00
71			JTG E42—2005	公路工程集料试验规程（13353）	50.00
72			JTG E50—2006	公路工程土工合成材料试验规程（13398）	40.00
73			JTG E51—2009	公路工程无机结合料稳定材料试验规程（08046）	60.00
74			JTG 3450—2019	公路路基路面现场测试规程（15830）	90.00
75			JTG/T E61—2014	公路路面技术状况自动化检测规程（11830）	25.00
76	施工	公路	JTG/T 3610—2019	公路路基施工技术规范（15769）	80.00
77			JTG/T F20—2015	公路路面基层施工技术细则（12367）	45.00
78			JTG/T F30—2014	公路水泥混凝土路面施工技术细则（11244）	60.00
79			JTG/T F31—2014	公路水泥混凝土路面再生利用技术细则（11360）	30.00
80			JTG F40—2004	公路沥青路面施工技术规范（05328）	50.00
81			JTG/T 5521—2019	公路沥青路面再生技术规范（15839）	60.00
82		桥隧	JTG/T F50—2011	公路桥涵施工技术规范（09224）	110.00
83			JTG/T 3650-02—2019	特大跨径公路桥梁施工测量规范（15634）	80.00
84			JTG/T F81-01—2004	公路工程基桩动测技术规程（14068）	30.00
85			JTG/T 3660—2020	公路隧道施工技术规范（16488）	100.00
86		交通	JTG F71—2006	公路交通安全设施施工技术规范（13397）	30.00
87			JTG/T F72—2011	公路隧道交通工程与附属设施施工技术规范（09509）	35.00
88	质检安全		JTG F80/1—2017	公路工程质量检验评定标准 第一册 土建工程（14472）	90.00
89			JTG F80/2—2004	公路工程质量检验评定标准 第二册 机电工程（05325）	40.00
90			JTG G10—2016	公路工程施工监理规范（13275）	40.00
91			JTG F90—2015	公路工程施工安全技术规范（12138）	68.00
92	养护管理		JTG H10—2009	公路养护技术规范（08071）	60.00
93			JTJ 073.1—2001	公路水泥混凝土路面养护技术规范（13658）	20.00
94			JTG H11—2004	公路桥涵养护规范（05025）	40.00
95			JTG H12—2015	公路隧道养护技术规范（12062）	60.00
96			JTG 5142—2019	公路沥青路面养护技术规范（15612）	60.00
97			JTG/T 5190—2019	农村公路养护技术规范（15430）	30.00
98			JTG 5210—2018	公路技术状况评定标准（15202）	40.00
99			JTG 5421—2018	公路沥青路面养护设计规范（15201）	40.00
100			JTG/T H21—2011	公路桥梁技术状况评定标准（09324）	46.00
101			JTG H30—2015	公路养护安全作业规程（12234）	90.00
102			JTG/T 5640—2020	农村公路养护预算编制办法（16302）	70.00
103	加固设计与施工		JTG/T J21—2011	公路桥梁承载能力检测评定规程（09480）	20.00
104			JTG/T J21-01—2015	公路桥梁荷载试验规程（12751）	40.00
105			JTG/T J22—2008	公路桥梁加固设计规范（07380）	52.00
106			JTG/T J23—2008	公路桥梁加固施工技术规范（07378）	40.00
107			JTG/T 5440—2018	公路隧道加固技术规范	70.00
108	改扩建		JTG/T L11—2014	高速公路改扩建设计细则（11998）	45.00
109			JTG/T L80—2014	高速公路改扩建交通工程及沿线设施设计细则（11999）	30.00
110	造价		JTG 3810—2017	公路工程建设项目造价文件管理导则（14473）	50.00
111			JTG 3820—2018	公路工程建设项目投资估算编制办法（14362）	60.00
112			JTG/T 3821—2018	公路工程估算指标（14363）	120.00
113			JTG 3830—2018	公路工程建设项目概算预算编制办法（14364）	60.00
114			JTG/T 3831—2018	公路工程概算定额（14365）	270.00
115			JTG/T 3832—2018	公路工程预算定额（14366）	300.00
116			JTG/T 3833—2018	公路工程机械台班费用定额（14367）	50.00
117			JTG/T M72-01—2017	公路隧道养护工程预算定额（14189）	60.00

注：JTG——公路工程行业标准体系；JTG/T——公路工程行业推荐性标准体系。批发业务电话：010-59757973；零售业务电话：010-85285659（北京）；网上书店电话：010-59757908；业务咨询电话：010-85285922，85285930。